华章经典·金融投资

短线大师
斯坦哈特回忆录

NO BULL
My Life In and Out of Markets

[美] 迈克尔·斯坦哈特 著　李猷 译
MICHAEL STEINHARDT

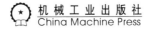
机械工业出版社
China Machine Press

图书在版编目（CIP）数据

短线大师：斯坦哈特回忆录/（美）迈克尔·斯坦哈特（Michael Steinhardt）著；李猷译. -- 北京：机械工业出版社，2022.6

（华章经典·金融投资）

书名原文：No Bull: My Life In and Out of Markets

ISBN 978-7-111-70830-8

Ⅰ. ①短… Ⅱ. ①迈… ②李… Ⅲ. ①对冲基金 - 投资 - 经验 - 美国 Ⅳ. ① F837.125

中国版本图书馆 CIP 数据核字（2022）第 120427 号

北京市版权局著作权合同登记　图字：01-2022-0833 号。

Michael Steinhardt. No Bull: My Life In and Out of Markets.

ISBN 978-0-471-66046-0

Copyright © 2001 by Michael Steinhardt.

This translation published under license. Authorized translation from the English language edition, Published by John Wiley & Sons. Simplified Chinese translation copyright © 2022 by China Machine Press.

No part of this book may be reproduced or transmitted in any form or by any means, electronic or mechanical, including photocopying, recording or any information storage and retrieval system, without permission, in writing, from the publisher. Copies of this book sold without a Wiley sticker on the cover are unauthorized and illegal.

All rights reserved.

本书中文简体字版由 John Wiley & Sons 公司授权机械工业出版社在全球独家出版发行。

未经出版者书面许可，不得以任何方式抄袭、复制或节录本书中的任何部分。

本书封底贴有 John Wiley & Sons 公司防伪标签，无标签者不得销售。

短线大师：斯坦哈特回忆录

出版发行：机械工业出版社（北京市西城区百万庄大街 22 号　邮政编码：100037）

责任编辑：顾　煦　　　　　　　　　　　　责任校对：殷　虹

印　　刷：涿州市京南印刷厂　　　　　　　版　　次：2022 年 8 月第 1 版第 1 次印刷

开　　本：170mm×230mm　1/16　　　　　印　　张：15.25

书　　号：ISBN 978-7-111-70830-8　　　　定　　价：79.00 元

客服电话：（010）88361066　88379833　68326294　　投稿热线：（010）88379007

华章网站：www.hzbook.com　　　　　　　　　　　　读者信箱：hzjg@hzbook.com

版权所有·侵权必究
封底无防伪标均为盗版

克莱尔和婴儿时期的迈克尔·斯坦哈特（1941年）

克莱尔和索尔·斯坦哈特于科尼岛（1940年）

受诫礼上的迈克尔
（1953 年）

索尔·斯坦哈特于西墙
（1975 年）

斯坦哈特-法恩-伯科威茨于比弗街67号的老办公室（1968年）

与杰瑞·法恩、霍华德·伯科威茨

斯坦哈特合伙公司20周年纪念日,于大都会艺术博物馆的丹铎神庙(1987年)

纽约大学斯坦哈特教育学院的落成典礼。董事拉里·蒂施、纽约大学校长杰伊·奥利瓦、朱迪·斯坦哈特、迈克尔·斯坦哈特教育学院院长安妮·马库斯、董事会主席马丁·利普顿(2001年5月)

迈克尔和朱迪参加在布鲁克林植物园举办的斯坦哈特音乐学院落成典礼（1988年）

和戴维、朱迪、萨拉、丹尼尔在贝德福德（1991年）

在办公室里的迈克尔（1995年）

与奥德赛合伙基金的杰克·纳什（1991年）

在马尔维纳斯群岛上与企鹅在一起(1995年)

与安吉尔(2000年)

和查尔斯·布朗夫曼在以色列的"以色列生存权"活动上(2000年)

"以色列生存权"团队在西墙(2000年)

献给我今生的挚爱：我的妻子朱迪，我的孩子戴维、丹尼尔和萨拉，还有我的众多孙辈们。

| 致 谢 |

如果没有卡伦·库克的坚持，就不会有这本回忆录的面世。除了关注我的投资之外，她还运用了诸如死缠烂打、哄骗和幽默等方式，"恐吓"我写完了这本书。出于她充沛的精力和强大的毅力，更出于本书能够付梓，我要对她表示由衷的感谢。

我还要感谢 John Wiley & Sons 的同事，特别是我的编辑帕梅拉·范·吉森。斯科特·梅雷迪斯文学社的阿瑟·克莱巴诺夫对项目的启动和运行发挥了重要作用。我还要感谢保罗·亚历山大提供的早期灵感和指导。

最后，我要感谢我的家人、朋友和同事，感谢他们的耐心、见解，乃至他们提出的那些经常被我忽略的批评。

迈克尔·斯坦哈特

| 目 录 |

致 谢

第 1 章　局里来电　/1

第 2 章　我的家乡本森赫斯特　/11

第 3 章　47 街的聪明家伙　/25

第 4 章　常春藤、军队和华尔街　/39

第 5 章　华尔街的当红分析师　/57

第 6 章　斯坦哈特 – 法恩 – 伯科威茨公司　/69

第 7 章　我的妻子朱迪　/81

第 8 章　逆势而动　/95

第 9 章　离开与回归　/107

第 10 章　动物展和电影　/ 121

第 11 章　1987 年股灾　/ 135

第 12 章　斯坦哈特的风格　/ 147

第 13 章　涉足政治　/ 169

第 14 章　人生中最惨的一年　/ 179

第 15 章　斯坦哈特不干了　/ 191

第 16 章　父亲去世　/ 201

第 17 章　生命中的两条河　/ 211

| 第 1 章 |

局里来电

在步入不惑之年后的一段时间里,我常会在秋天莫名感伤。后来我发现,对我来说,秋天是一年的结束,也是新一年的开始。学校的新学年在秋天开始,犹太新年紧随其后,带给人们新的希望和开端。而在美国国税局修订基金经理守则要求公司财年与自然年度保持一致之前,我公司的财年在 9 月份就结束了。作为对冲基金经理,我生活中最关注的,始终是基金的业绩表现,随着财年行将结束,这种关注会变得愈发强烈。当财年结束时,也就是每年的 9 月 30 日这一天,我都感到一阵解脱——今年的大戏终于结束了。每出戏都有起承转合,属于我的这一出,在 9 月 30 日落幕。

我很幸运,作为对冲基金经理,我的职业生涯始终保持着成功,因此 9 月 30 日通常是个好日子。这一天经常充满了庆功的喜悦,我的投资人、合伙人和员工,也会高兴地度过这一天。我们经常会有出色的业绩,有些年份的业绩雄冠华尔街,因此大家都能赚到很多钱。

而到了 10 月份,一切又得重新开始,每个人都身处不安、不确定和对业绩的忧虑之中。新的财年一开始,我就必须从头来过。每一位基金经理的过往业绩,很快就成为"久远的历史"。在竞争激烈的对冲基金行业,蕴藏着永恒的核心命题:"今年你给我赚了多少钱?"甚至有时是"这个月或者这个星期,你给我赚了多少钱?"每年的10月份,我都会为新一年的大戏登场感到十分焦虑。

一般来说,新旧财年交替时,可以安排短期休假。1981年的秋天也不例外。

在短暂造访以色列之后,我和妻子朱迪飞到了法国南部,计划入住我最喜欢的海滨美景酒店。这家酒店最吸引我的是他们的美食,对我来说,这是生活中的乐趣。在路上,我已经开始回忆曾经享用过的美食了:蒜香普罗旺斯大虾、精致的鹅肝酱,还有茴香鲈鱼——这道菜把鲈鱼的味道提升到了超凡的境界。法国南部因为风景优美吸引了世界各地的游客,但是,最令我兴奋的还是美食。我会经常忘记一些重要的生活细节,这甚至让朱迪罕见地发了几次脾气,但是在美食方面,我的记忆力却异常出色。

我们在傍晚时分抵达目的地,一路开心,正好赶上晚餐时间。旅途舟车劳顿,我们决定先休息一下,再开启期待已久的美食体验。正当我们躺在床上,享受着秋季温润的下午时,电话铃响了。酒店接线员告诉我,我的助手萨曼莎从纽约打来电话。

我拿起电话,萨姆(我对萨曼莎的称呼)告诉我,她接到了一位联邦调查局探员的电话。她把探员的电话号码给了我,并说对方让我尽快回电,而她也不知道到底发生了什么事情。这听起来事出紧急,我告诉萨姆,我会第一时间给对方回电,但在挂电话之前,我让她把电话交给我的高级合伙人约翰·莱文。寒暄都省了,他在电话里脱口而出:"恭喜恭喜!债券大涨。今年我们已经赚了60%。"要知道,这个财年才刚刚开始啊!

我早料到债券市场会大涨,但是涨幅和对投资组合的影响还是让我感到吃惊。我坐在床边,感到无比满足。我做到了,而且是在债券市场这个陌生的投资领域赚到了钱。从13岁起,我就痴迷于股票投资,从业余投资者到专业人士,从分析师到交易员,再到首席投资经理,我的专长一直都是股票投资,我的职业生涯也始终集中在股票投资上。然而,20世纪80年代初的投资环境为债券创造了非同寻常的投资机会,超过了所有投资品种的机会,包括股票。

20世纪80年代初,不断上升的通胀,以及是否有必要控制通胀,困扰着美国经济。联邦政府的巨额赤字,足以抵消全国2.5%的经济产出。长期国债利率从1980年的10%上升到1981年9月的16%,短期利率更是升至17%。美联储主席保罗·沃尔克(Paul Volcker)试图通过货币政策(主要是利率手段)抑制通胀,但收效甚微。

同一时期,所罗门兄弟公司(Salomon Brothers)首席经济学家亨利·考夫曼(Henry Kaufman,人称"末日博士")对创纪录的利率和失控的通胀做出了可怕的预测,加重了人们对固定收益的担忧。华尔街的大多数经济学家也都看空债券,他们把债券称为"充公券",认为通胀不但会周期性上升,并将长期上升。而此时的油价已处于高位,但预计仍将继续上涨。

我的看法不一样。

因此,在刚刚过去的春季,面对快速上升的利率,我开始进军债券市场。我买入债券的前提是，我认为经济将以超预期的速度衰退，并最终导致利率良性下降。我不是简单地买入债券，我还加了杠杆，这增加了持仓风险。我之所以能够大量举债，是因为和股票不同，美联储对于买入债券没有保证金的要求，因此我能放多大的杠杆，取决于经纪公司和银行愿意借给我多少钱。一般情况下，一个人可以借到债券价值95%～99%的钱。我发现了这个通过举债买入债券获利的机会，尽管此前我从未用过这么大规模的杠杆。

20世纪80年代初，我旗下的两只对冲基金（一只是旗舰斯坦哈特合伙基金，另一只是离岸斯坦哈特合伙基金）一共管理着大约7500万美元。根据我的直觉，我们投入了5000万美元现金，又借了2亿美元，一共买入了2.5亿美元的10年期美国国债。对于债券投资新手来说，我无疑在进行一场豪赌。但是，回顾辉煌的投资历史，我相信自己的判断是正确的。

* * *

最终，我的债券头寸增幅巨大。当我在月报中向投资者公布持仓时，金额最大的多头头寸是美国国债。

即使在市场不利的情况下，我也依然保持自信，但是，我低估了投资人的反应。

事情迅速发酵，我的豪赌让许多投资人感到不安，因为在此之前，我在华尔街的投资经历都在股票市场上。"你了解债券吗？"投资者质疑，"我把钱给你是为了买股票，不是买债券的！"类似的抱怨此起彼伏。

有些客户越来越担心，于是发出赎回单，要求在最近的开放期赎回资金。咨询公司麦肯锡就是这样一个客户，在收到我的投资月报之后，他们要求我去向麦肯锡的投资委员会进行汇报。这个委员会是由麦肯锡的高管组成的，他们伶牙俐齿，都是商战中的老江湖，令人印象深刻。

当我解释债券的投资机会时，他们开始围攻我。"你是一个股票投资人"，委员会成员们不停地说，"我们把你定位为股票管理人，你不能买债券。"会后，他们立刻赎回了投资。

因为买债券这件事，一位加拿大投资人甚至威胁要起诉我。"你懂债券吗？"这是某一天他在电话里对我吼出的第一句话。"你是个股票投资者，你应该专注于股市，不然我凭什么付你这么高的管理费！"他说的有一定道理，我确实对债券投资没有经验，甚至不了解债券市场的机制和内部运作，但我对大众秉持的"利率即将上升，债券价格即将下跌"的观点，押了相反的赌注。在新领域寻找转机的压力，叠加投资人的不满情绪，让我一度情绪紧绷。

有一段时间，我甚至感觉，那位加拿大投资人没准是对的。

过去我在股票市场上的成功，能否在固定收益证券市场得到延续呢？投资人始终在追问这个问题。我的债券初始仓位很重，之后的几个月，市场开始对我不利，我又不断加仓。在这个艰难的时期，我的基金一度浮亏超过1000万美元。

* * *

尽管我有着辉煌的投资历史，尽管我个性强悍，但由于投资业绩的波动（下跌多于上涨），我依然在混乱和煎熬中度过了1981年的春天。在此期间我继续增加债券仓位，债券的规模已经数倍于净资产，成为投资组合的主导品种。假如运气不好，投资人可能会立刻跑来抗议债券的风险敞口。尽管我耐心地解释安抚，但指责依旧不断，令人紧张。此外，运用杠杆和预测利率转向时点，对我来说确实是全新的挑战，这让我连续失眠。

每周五的下午，我都会焦急地等待美联储发布货币供应量数据，特别是M1和M2。像我这样的债券多头，都希望货币供应不再增长，这意味着经济放缓，甚至陷入衰退，但对债券持有人来说，这是好消息。我利用公司的内部资料和金融界的资源对业务进行决策，收集了大量信息寻找经济放缓的蛛丝马迹。我甚至自主构建了纽约出租车指数，用于反映空驶出租车的占比，我希望有更多的"空驶"车灯亮起，因为这表明需求出现了放缓。

截至1981年9月30日，债券对整个财年的投资业绩产生了决定性影响。我们获得了10%的涨幅，而同期标准普尔500指数下跌3.5%，但是我们的投资业绩却在日度、周度和月度都出现了较大的波动。财年结束后，我长出一口气。我迫不及待地想和朱迪一起离开几天去休假。

在那天下午的电话中，当约翰·莱文告诉我，因为债券市场转向，我们获得了60%的收益时，我感到无比满足。我等待这个转折点出现已经整整一年了，而一夜之间，转折发生了。随着利率开始下降，债券价格出现暴涨，我们的业绩也一路飙升。那是我投资生涯当中最激动的时刻之一。我依靠直觉去投资，然后成功了。尽管10月份刚刚开始，但新一年的任务已经完成。我们2.5亿美元的债券投资，5000 万美元是本金，另外 2 亿美元是融资，一共获利 4000 万美元。而在那年财年结束的时候，我们会有 97% 的涨幅。但当时最令我感到满意的是，事实证明我是对的。我发现了一种新的投资工具，尽管一路上我失去了一批重要的客户，但是我感受到了与大众观点相左的乐趣，并且获得了丰厚的回报。

办公室的来电让我十分高兴，但我也不由想起萨姆提到的联邦调查局探员。鲍勃·史密斯探员是谁？他为什么要给我打电话？我拨打了萨姆留给我的号码，接通了史密斯探员的电话。对方告诉我，纽约纳纽埃特发生了一起运钞车抢劫案，有几名警卫被杀害。黑豹组织是这起案件的罪魁祸首，而联邦调查局在寻找嫌疑人的过程中，突袭了位于新泽西州纽瓦克的一间公寓。在那里，除了大量的武器，他们还发现了一批文件，其中包括这个组织打算暗杀的人员名单。史密斯探员告诉我，我也在名单上。"我们不想让你受到惊吓，斯坦哈特先生，"史密斯探员说，"但我们有义务告诉名单上的每一个人，这些人可能成为这个组织的目标。"

"名单上还有谁？"我问。

探员说："名单上都是像你一样的成功人士。"由于黑豹组织是一个反正统派的组织，且这个组织的成员会以暴力实现目标，因此他们有这样一份名单也说得通。

"你和联邦调查局都不用采取任何行动。"史密斯接着说，"你只要知道就行了。"

"谢谢你通知我。"我说完挂了电话。

我把这件事告诉了朱迪，她立刻就要回家陪伴我们的孩子。我费了好大工夫才说服她，让她相信我们的孩子目前没有危险。如果有人会受到伤害，那应该是我，然而即便如此，发生这种事的概率也很低。经过一番不安的讨论，我们决定结束假期。

黑豹组织的暗杀行动并没能实施。史密斯探员打来电话后不久，一些黑豹组织成员被捕，这可能粉碎了潜在的威胁。但是我在几分钟内几乎同时获得前面两条信息，一条是约翰·莱文告诉我债券投资赚翻了，另一条是联邦调查局告诉我，我上了暗杀名单。

这两个电话同时出现，让我感觉并非偶然。第一个电话证实了我作为对冲基金经理的人生价值。我为市场而生，我的投资专长扩展到了股票以外的领域。第二个电话让我意识到生命是何等脆弱。无论我已经或者将来会有多么成功，这些都不是永恒的，我也无法逃过人生的意外。事实上，好运本身也可能带来麻烦。

这是一个成就感十足的时刻，但和往常一样，我不允许自己沉浸在胜利的喜悦中。创造出更好业绩的念头，让我不断保持清醒，而且即便我达到了目标，那一刻的快乐也是短暂的，这贯穿了我的整个职业生涯。追求成功的过程，比成功的结果更让人快乐，这种痴迷蕴含在结果和过程之中。我觉得自己就是歌德笔下的浮士德，总在为追求新的目标而奋斗，而不是躺在功劳簿上。我时常在想，有什么事情会比在市场上赚到钱更让人感到满足呢。

* * *

近年来，我找到了新的人生目标。这并不是说我放弃了对市场的迷恋，我仍然喜欢冒险，享受下注成功的回报。但现在我意识到，这些兴趣会对精神层面的回报产生影响，至少在我生命的现阶段是这样的。与其他富人不同，"挑战"对他们来说只是一场分数更高的高尔夫球赛，对我而言，则是一种令自己信服的崇高追求。

我很幸运，我找到了这样一个具有宗教般深刻内涵的目标。我不相信上帝，"绝对"这个词对我来说毫无意义，但让下一代犹太人实现复兴的想法，盘踞了我的大脑。

我的目标不仅仅是"回馈"，无论"回馈"本身有多么值得称赞。我已经说服自己，即便是我自己一个人，势单力孤，在一个伟大民族前途未卜的时候，也要尽到一份心力。这个目标对我来说，意义重大。

本书故事的价值，不在于我实现了美国梦，至少不是财富版的美国梦。有很多人都实现了财富版的美国梦，甚至比我更富有。但是如果说到价值，那就是我在人到中年的时候，找到了一种比财富更重要的追求，尽管这听上去有点虚伪。我在资本市场上取得了非凡的成就，但是真正的价值在于，我能够把自己的能力、过往积累的财富和对资本市场的热情，运用到慈善事业中去。

在大多数方面，我和旁人没什么区别。我是传统犹太移民的孩子，我是父母的作品，我的母亲一生无私奉献，我父亲的影响力贯穿我的一生。

我很难说清楚，早年的平凡生活是如何影响我的。我只是成千上万个布鲁克林犹太人中的一个，被迫实现目标，于是我在股票市场上释放生活的压力，我在孩提时代就被股市牢牢吸引。到了1995年，当我从基金管理的工作中退休时，我创造了华尔街历史上最成功的纪录之一。而我的生命，是以一种最朴素的方式开始的。

| 第 2 章 |

我的家乡本森赫斯特

我的父亲索尔·弗兰克·斯坦哈特(又名红发麦吉)和母亲克莱尔·多莱克于1939年结婚,1940年生下了我,1941年离婚,他们离婚时我还未满周岁。我跟着母亲在本森赫斯特长大,那个地方无论是以前还是现在,都是布鲁克林中低阶层的聚集地。我的父亲只是偶尔露个面,因此我没有和父母一起生活过的印象,他们在一起的时间短到只够把我生出来。

我的父亲经常神龙见首不见尾,我不知道他何时会出现,何时会离开。而我母亲则像磐石一般矗立在我身后,她会随时陪伴我,既当妈,又当爹。我的童年缺少一个理想的家庭环境,但我并未因此感到不适,这都要归功于我的母亲。

20世纪20年代,父亲在布鲁克林最贫寒的社区长大,现在这个地方的居民以黑人为主,那时穷苦的犹太人只能挤在这里。我的祖父和祖母在相识的时候,各自带着三个孩子,结婚之后,又生了三个孩子,其中就有我的父亲。父亲有三个同父异母和三个同母异父的兄弟姐妹，还有一个亲哥哥，一个亲妹妹，这些人现在都已经去世了。

我的祖父在我出生前就去世了。在留下的照片里，祖父看上去好像是刚刚骑着马走进俄罗斯大草原，他长着一张蒙古人的面孔，有点像东方人，他早年间曾在乌克兰生活过。祖母在我五岁时去世了，她是一位漂亮的红发女人。我父亲的昵称是雷乌塔（Reuta，意第绪语中"红色"的意思），就是因为他长着一头和祖母一样的红头发。

母亲在结婚时冠了夫姓斯坦哈特，直到多年后再婚。斯坦哈特这个姓氏来自德国，事实上，德国的莱茵兰有一个小镇就叫斯坦哈特。因此，大多数姓斯坦哈特的美国人，都可以到德国寻根。在旧金山，还有一家水族馆也叫斯坦哈特。我有时会开玩笑，聪明的斯坦哈特们离开德国向西走，而我的祖先却向东进了俄罗斯，发现错了之后，才掉头去美国。

父亲在 12 岁时就辍学了，靠打零工、干力气活维生。有时，他和兄弟伯尼靠给别人搭遮阳篷和百叶窗挣钱。父亲早年很勤劳，但和其他人不同，他从来不存钱，而是把钱都挥霍了。他喜欢赌博，从小就是赌徒，周围有一帮赌友。他赌马、赌彩票、玩纸牌，特别喜欢一种东欧移民都爱玩的游戏，叫克洛比奥什（clobyosh），他会和各色人等聚赌。

对母亲来说，父亲的嗜赌问题太严重了。后来母亲告诉我，在他们两个人共同生活的那一年里，父亲大多数时间都囊空如洗。因为父亲太不靠谱，母亲难以维持生计，在共同生活了几个月之后，母亲搬回了娘家，结束了这段婚姻。

在那个年代，离婚是一种耻辱，尤其是犹太家庭。但是我在成长的过程中，却一点也没有因为父母离异而感到过羞耻，我只是觉得，我的家庭和其他人不太一样而已。虽然其他朋友的父母会同时出现在学校，而我只有母亲参加家长会，但是这并未让我感到太难过。尽管当我看到朋友们和他们的父亲在周末一起打球的时候，也会想到父亲。我从未和父亲一起打过球。

* * *

我在本森赫斯特的72街2169号公寓里长大，公寓位于21大道和海湾公园大道之间。我们的公寓在二层，这栋楼一共有四套公寓，两套在一层，两套在二层。公寓里有一间客厅、一间厨房、两间卧室，还有一间浴室。小时候，母亲一直为我叔叔路易管账，路易叔叔在曼哈顿下西区经营一家水果批发公司，专门卖苹果（后来搬到了布朗克斯区）。周围的邻居都是第一代和第二代移民，属于社会的中下层。我们的生活勉强过得去，钱虽然不宽裕（我的第一辆自行车是二手车），但还能付得起每个月的房租。

大多数时候，父亲每月会给母亲50美元贴补家用，这是离婚时法院的判决。这笔抚养费和父亲一样，也是来无影去无踪。有时候，几个月都见不到人和钱，不知道什么时候会再出现。50美元是能够救急，但远远不够。当需要帮助时，母亲会向她的哥哥，也就是我的舅舅索尔求助，舅舅在华盛顿特区的人口普查局任职。每当我们需要钱的时候，舅舅总会解囊相助。

母亲的父母和我们住在一起，或者更确切地说，是我们和他们住在一起，因为公寓是他们的。在我四岁时，外祖父因心脏病去世，只会说意第绪语的外祖母独自帮助母亲抚养我长大。因为母亲是社区里少有的职业女性，所以当我放学回家时，家里常常只有外祖母一个人。我能拥有一个快乐的童年，主要是因为我的母亲，同时也感谢我的外祖母。

在20世纪40年代，本森赫斯特是一个真正的"街头"社区。孩子们在马路上玩棍球㊀，把井盖当成垒。天气暖和的时候，邻居们坐在门廊上闲聊，路边敞开的一排窗户里会传出收音机的声音。除了少数几次远行外，我的童年生活就集中在附近的几个街区。

当然也有几次远行。手头宽裕时，母亲会带我到卡茨基尔山度假，那是一个广受欢迎的避暑胜地，被称为"犹太人的阿尔卑斯山"，我们会住在湖边的平房或者家庭旅馆里。在我变声之前，我还参加过选秀比赛，演唱《慢船去中国》㊁和纳京高的《因为你》㊂。虽然没有星探来找我，但母亲始终认为我唱得很棒。我和母亲还在山里的湖边钓鱼，我不喜欢用钓钩串蚯蚓，所以母亲总是帮我下饵，尽管她也不喜欢脏脏的蚯蚓。

我很享受假期，但我真正喜欢的地方是本森赫斯特，还有这里的邻居们！我熟悉所有的街道和商店，就像熟悉自己家一样。这里有基奇家的糖果店；有"甜盒子"饮品店，我和朋友们在那里喝蛋蜜乳和奶昔；还有斯莫林斯基开的犹太熟食店，我们在那里吃罗马尼亚嫩牛排。我喜欢在街上闲逛，喜欢在车流中打球，喜欢和商店里的人交谈。我好像认识这里的每个人，他们也都认识我。虽然有时我也会和

㊀ stickball，用棍击橡胶球，类似于棒球的非正式运动。
㊁ I'd Love to Get You on a Slow Boat to China.
㊂ Because of You.

其他孩子打架，但在这里我感受到的是无比的安全。我热爱本森赫斯特，我以为自己会在这里过完一生。

在那个年代，本森赫斯特是犹太人和意大利人的混居区，犹太人的数量更多一些。犹太男人主要从事毛皮制衣生意或者当公务员，意大利人大多是商人、水管工和电工。我的朋友大多数是犹太人，但我也认识不少意大利人。多年以来，本森赫斯特都没有什么变化。犹太人经常把这种稳定归功于意大利邻居和黑手党之间的关系。这种猜测从未得到证实，但这足以让意大利孩子吓唬我们了。

在那段日子里，我一直和同一群朋友在一起玩耍。乔治·亨利在我九岁的时候搬来，成为我最早也是最好的朋友，后来他成为斯坦哈特合伙公司（Steinhardt Partners）的经济学家。每天放学后，我都会打一会儿球：棍球、垒球、足球、三角球、手球等。有一小段时间，我还在犹太社区的篮球队里打过篮球。

在那几年，我喜欢上了棒球，成为纽约巨人队的狂热球迷。对于一个布鲁克林的孩子来说，这有点奇怪，因为那里的人们几乎都是洛杉矶道奇队的球迷。或许，这是我第一次显露出打破常规的个性吧。母亲带我去曼哈顿158街的马球球场看巨人队比赛，这对她来说颇不轻松。我们需要搭一段又长又热的地铁，还要换乘一次，总共要花一个多小时的时间。虽然母亲不喜欢棒球，但她还是会带我去看比赛。对我来说，看周日的巨人队比赛是过周末的最佳方式。回想起来，我都不知道自己为什么会成为巨人队的球迷。也许是因为纽约洋基队太强了，成为洋基队的球迷让人没什么感觉，再说洋基队的球迷队伍里也不差我一个。当然也有可能，我只是想与众不同，展示个性。

有时，我会憧憬自己成为一名伟大的运动员，但我只能接受平庸的现实。不过，我也确实有过几次辉煌的运动时刻。上初中时，我参加了年级垒球队。那是一个令我难忘的下午，我们和九年级的对手比赛，他们几乎都是意大利人。我们被击溃了，因为对方比我们大一岁，而且技术远超我们。我是三垒手，有一个球，击球手把球高高击到中场手的头顶上空。当击球手绕垒奔跑的时候，中场手折返跑接到球，传给外场防守的游击手，游击手要把球传给我。这时击球手已经绕过了二垒，他意识到自己不能再跑垒了，就朝我加速冲了过来。我知道他和球差不多会同时过来，我也知道他要撞倒我，但我仍旧站在那里，伸手接住了球，将他触杀，然后被狠狠撞倒。他被罚下场。这算是我在体育界唯一拿得出手的战绩了。

多年之后，我看到一起发生在本森赫斯特的命案报道，被害人从酒馆出来时，被埋伏已久的凶手杀害。两人搏斗激烈，受害者名叫拉尔夫·荣加，他就是那一天在垒球场上把我撞倒的那个人。正如坊间传闻那样，他一直都以犯罪活动为生。

我最好的朋友，从小时候算起，分别是欧文、马蒂和基奇。我们从小就亲密无间，直到今天依然延续着友谊，尽管我们走上了不同的人生道路。欧文现在是一名心理分析师。在我们一年一度的"男孩"周末聚会上，他总会愉快地重温我们年轻时的运动时光。马蒂是一位牙科专家，现在在科德角钓鱼，就像我们曾经在羊头湾钓鱼一样。基奇，也叫史蒂文·基茨，是一位社会工作者，也是隔壁糖果店的少东家。这三个朋友定格了我的少年时代，那时的本森赫斯特（事实上是整个布鲁克林）像是一个大家庭，像我们这样的男孩可以花一整天的时间交换棒球卡，或是在街上玩橄榄球。

*　*　*

我的绝大多数朋友和我的父母一样，都没有受过高等教育，他们中的有些人甚至没有读完高中。但是，和其他传统的犹太家庭一样，我们的父母重视教育，把教育当作社会进步的阶梯。因此，我们这些本森赫斯特的犹太孩子都想成为医生、律师或者会计。作为一个聪明的犹太孩子，我在两年内读完了赛斯·洛初中。凡是智商超过130的孩子都会跳级，主要以犹太孩子为主，这些人可以从七年级直接跳到九年级。我少年时的朋友很多来自这群孩子。

从赛斯·洛毕业后，我就读于科尼岛附近的拉斐特高中，这是当时一所比较新的高中。和家乡类似，这所学校里有一半是犹太人，一半是意大利人，但我不喜欢这个地方。这所学校的教学质量并不稳定，但在拉斐特，我的视野得到了拓展。让我印象最深刻的，是社会学老师费尔德曼先生，他向我们介绍了政治学和经济学。他身高1.52米，体宽1.52米，是一位令人敬畏的老师，因为他无法容忍愚蠢的问题。他把自己对这门学问的专注带进了课堂，也让我对这个领域始终充满兴趣。

拉斐特有着浓厚的体育氛围，但是在求学的三年中，我没有参加过任何体育活动。我的运动生涯已经远去。我的高中生活几乎没有课外活动，因为我对这些不感兴趣，也正因为如此，我没有结交到新的朋友，我还是和赛斯·洛的那帮朋友一起玩。我也没有在女孩子身上花费太多时间，没办法，我比她们小了一岁。我很羡慕，甚至有点嫉妒那些有过约会的同学，他们是社交活动中的积极分子，而我仅有的几次社交活动是玩转瓶子的聚会。

* * *

除了世俗教育之外,我和其他大多数犹太孩子都要就读希伯来学校。尽管我热爱生活,但是我的希伯来教育还是失败了。当我还是孩子的时候,犹太教堂就给我留下了充满盐臭味的印象。在赎罪日,老人们会分发盐,让斋戒中的人们保持清醒。对我来说,这些盐象征着仪式的催眠基调,充满了沉闷和传统的陈旧。

我去过一个叫伯耐以撒的犹太教堂,和美国众多的犹太教堂一样,那里充斥着颓败。我唯一的有趣回忆是在西赫托拉节上抛撒鹰嘴豆,而这很难称得上是宗教顿悟。

我那时很年轻,对传统不屑一顾,以智者自居。在希伯来学校,每周上五天课,有一天拉比吹嘘说:"《托拉》(希伯来圣经)包含一切,包括任何你能想到的东西。"

我转向一个朋友,低声跟他说(现在回想起来当时实在是很愚蠢):"我敢打赌,《托拉》没有讨论体毛。"

拉比说:"迈克尔!你在说什么?"我很不好意思地重复了刚才的话。一直到今天,我仍和这位名叫辛格的拉比保持联系,我和他十分亲近。

伯耐以撒的一切都是陈旧的,和令人兴奋的美国文化毫不沾边。我在的希伯来学校只招收男孩,教授都是移民,教学质量很差,对优秀学生几乎没有奖励,甚至连希伯来语的教学也是枯燥乏味的。我们没有学习刚刚建国的以色列的现代语言,而是学习德系犹太版本的古希伯来语,了无生趣。但是,这反而把公立学校本来枯燥的公共课程,衬托得十分生动。一有机会我就会逃学,当然我也付出了代价。

有一天，我母亲提前下班，我被抓了个现行，我被她拎着扫帚追打，只好躲到床下。

然而，母亲自己也并没有恪守教义。和同龄人相仿，她几乎没有接受过正规的犹太传统教育，但是依然竭力维护传统。我的犹太教养堪称正统。我们的家居要符合犹太教的规定，我们要过犹太新年，要举办逾越节的筵席。外祖母在世的时候，每周五晚上要点安息日蜡烛。光明节是送礼的日子，为了保持犹太新年的神圣不可侵犯，我们会斋戒、不用电、穿布鞋，直到今天，我仍不理解为什么要这样做。

赎罪日是最盛大的节日。斋戒的经历让孩子们有了对抗饥饿的谈资，但没有带来任何精神层面上的提升。随着时间推移，在犹太教堂里会出现如斋戒般的眩晕感。临近黄昏，羊角号声响起，宣告了一个重要时刻的到来——斋戒结束了。在外祖母生命的最后几年里，虽然母亲时常力劝她不要再斋戒，因为她的健康状况很差，但是外祖母坚定地拒绝了。

有一些宗教活动对我产生了影响。我记得，当我的成年礼临近时，外祖母的病情开始加重，显然她已临近大限。在成人礼上，我不知道外祖母是否能来教堂。最后，就在我要开始读《哈夫托拉》的时候，外祖母在母亲的搀扶下，缓步走了进来。母亲比外祖母蕾（她的全名是蕾切尔）高出7～10厘米，这更显出外祖母的瘦弱。她看上去像一个幻影，满头银发，皮肤苍白。所有人都把目光集中在外祖母的身上，议论着她的庄重仪态。那是我最后一次看到外祖母走路，一个月后她去世了。

我的家庭保留了犹太宗教生活的风俗，但是没有人解释这些风俗的实际意义。我的邻居也有同感。当犹太人嘲笑另一个犹太人时，会称对方为"新来的"或者"犹太佬"，意思是对方不懂得美国的生活方式。对宗教表现出虔诚，会被看作老派或者初来乍到的人。人们会把自己的名字美国化，越美国化越好。

我的正面的宗教经历，来自一个比教堂更为寒酸的地方。在成人礼的几年前，我陪好朋友马蒂·陶布曼去了一个临时的石提卜（小教堂），这个地方藏在本森赫斯特的一间地下室里。我们会到那里去，是因为马蒂的祖父在那里祈祷。他和其他老人一起，披着长长的披肩，来回摇晃，把我们团团围住。这个地方的气氛和伯耐以撒教堂不同。大教堂的仪式是生硬的，让人如同梦游；而小教堂是温馨的，甚至令人感动，尽管祈祷用书上都是我看不懂的希伯来语——我没钱买英希双语的经卷。与大教堂不同，小教堂里扑面而来的旧风情，为其增添了活力。除了拉比的儿子，马蒂和我是那里仅有的小孩子，但是老人们非常期待我们参加。他们欢迎我们。仪式进行时，我们只是坐在后面嘀嘀咕咕，有时还会打打哈欠，偶尔会被要求读一段《托拉》。不知为何，我对这里产生了一种归属感。虽然伯耐以撒和石提卜都保留了犹太旧习俗的痕迹，但是我在小教堂里感受到了熟悉的家的氛围。

我和犹太教的缘分，并没有止步于教堂和石提卜。在我很小的时候，我常会碰到在手臂上文数字的邻居。这些人都是大屠杀的幸存者，他们很多人和我是同龄人，却惨遭毁容或被致残。这对我产生了深刻的影响。《圣经》里写过，上帝会惩恶扬善。随着年龄的增长，我阅读了关于大屠杀的回忆录，书里描述了一个毫无道德可言的混乱世界。我不禁发问，当犹太人遭遇如此可怕的悲剧时，上帝在哪里？

我看到了神学所描述的那个公正的上帝，和现实生活中个体感受之间的差异。在奥斯维辛的那个年代，上帝去了哪里？世界上最受尊敬的拉比们是这样说的："我们无法解释。有些东西是超越了人类能力的。"这似乎是一种神学上的逃避，是对迷信的依赖，这无法减轻我内心的疑惑。

上了高中以后，我那青涩的逻辑已经无法接受一个犹太上帝的存在了。我得到了一个更有价值的结论：在这个世界上，个人经验才是真正的主导力量。当我不断接受更为深入的世俗教育，探索哲学、科学和数学之后，我越发相信，神话是宗教传统的根源。《圣经》对创造世界的描述，与我在大学人类学课程中学到的那些原始社会的民间传说，并没有不同。对我来说，这是一个令人难过的觉醒，因为这说明无论是宗教故事中描绘的人，还是历代虔诚祷告的犹太人，都不是所谓的"天选之人"。

像大多数宗教一样，犹太教也充满了神迹故事。但是，无论是我本人，还是任何一个我信任的人，都没有亲眼见证过这些神迹，这让我很难遵守宗教的清规戒律。事实上，我把对一切超自然事物的排斥，都归结到了每周在教堂里读到的东西上。

但在童年，确实发生过一次奇迹，那是一个人类英雄主义被神化的时刻，让我打消了先前的很多疑虑。这个奇迹就是以色列建国。

以色列建国和保卫以色列的努力对我产生了深远的影响。饱经大屠杀摧残的以色列人终于凤凰涅槃，我每天都从这样的报道当中获得慰藉。

在我最初的记忆中，以色列带来了希望和快乐，但也带来了焦虑。我对以色列牵挂备至。在我十几岁的时候，我就开始仔细阅读每周发行的《耶路撒冷邮报》。每当以色列的安全受到威胁时，我就感到好像自己也受到了威胁。在此期间，法国能否向以色列出售先进战机，显得尤为重要。

我接受了犹太复国主义的宣传，因此非常担心加利利海是否会干涸这类事情。以色列会定期报告加利利海的水位线和警戒线，似乎加利利海总是处于干涸的边缘。我甚至担心有一天，耶路撒冷的人走进厨房打开水龙头，出来的不是水，而是三滴褐色的液滴。滴答，滴答，滴答。

我想为这个国家的重生尽一份力，我设想要阻止阿拉伯人，以此保护每一处山地或者定居点。我梦想着这样一个弱小的国家，凭借着勇气和智慧，战胜更为强大的邪恶敌人。我能够接受时下流行的大卫与歌利亚的比喻。有一部叫作《24号高地没有回答》的电影，虽然缺乏艺术性，但是其中的场面却对我有深远的影响。电影讲述的是独立战争时期，以色列在与敌人签订紧急停火协议之后，派出一个小分队保卫分界线关键高地的故事。最后，高地上的战士全部牺牲了。当联合国官员看到这些保卫以色列边界的战士的遗骸时，他们宣布，这座高地属于这个新建立的国家。当时，在我的心中，这种牺牲是一种光荣。

然而，仅凭以色列还不足以化解我的信仰危机。这些年来，我经常直面我的信仰冲突，无论是参加宗教仪式、研究《托拉》，还是与受尊敬的拉比交谈。我甚至开始收集犹太教经文，我以为这或许能够有助于我理解信仰的本质。然而，我和宗教之间依然隔着一道鸿沟。

但是我意识到，一个人的犹太身份已足够强大，无须再借助上帝进一步强化。文化、价值观和民族意识，也许是犹太人更为强大的力量源泉。虽然我只会说几句意第绪语，但我很喜欢这种语言的发音。当我听到犹太音乐家演奏的犹太音乐时，我就会情绪激动，好像我前世就听过这些音符。第二次世界大战（简称二战）前东欧犹太人的音乐，能让我产生难以名状的共鸣。但是我们却没能努力把这种犹太文化传给下一代，这让我感到十分痛苦。无论犹太人的价值观是否是从神谕演化而来的，它都支撑着犹太人生存了几千年，并对世界文明做出了卓越的贡献。尽管我一直在和传统进行斗争，并将持续与之斗争，但是我相信，这些重要的传统应该传给后代。

我的无神论观点和我对犹太民族的高度关注似乎有些矛盾，这尤其会让很多虔诚的犹太信徒感到困惑。事实上，有时候跟我关系紧密的拉比会善意地嘲笑我所谓的无神论，他们认为，无论我怎么说，我都是一个犹太教的信徒。但是，我有着更高层次的追求，我不需要依赖超自然的存在。同时，我珍视犹太人的历史，无论是否得到过上帝的护佑，我都为犹太民族感到骄傲。人类都有英雄主义情结，也注定要经受苦难，虽然在漫长的发展历程中，信仰起到过重要作用，但是我更看重人的作用。

因此，我最珍视的是犹太人的民族意识。我对犹太人的爱，已经超越了逻辑层面。我乐于帮助所有的犹太人，这并不是因为我认为犹太人值得祝福，或者犹太民族比其他民族更为优越，而是因为我对犹太人有一种深沉的依恋。这种爱，有点类似于宗教信仰，尽管我不接受犹太的神学传统，但我从骨子里是个犹太人。

| 第 3 章 |

47 街的聪明家伙

父亲青年时嗜赌，成年以后成了有名的赌徒。他的朋友圈、生意和他的赌博行为，被联邦和地方政府所关注。父亲的确有点与众不同，他和我其他朋友的父亲一点都不像。他很少用支票，而是用现金结账（我喜欢携带现金的习惯无疑遗传自他）。他从不记账，也不填报纳税申请表，直到联邦政府发现这个疏漏。我敢肯定，他对纳税制度的优点一无所知，这可能是因为有限的教育程度限制了他的认知。因此，直到晚年，他才肯请专业人士帮忙计算纳税申请表，但是态度依然充满了不屑。

父亲曾住在曼哈顿，有时住在上西区的灰石酒店，后来住在东端大道的一间公寓里。尽管经常独居，但是他也不时交往女性朋友。他虽然有点孤僻，但是很擅长社交。他能游刃于三教九流之间，包括上流社会。他会经常把我介绍给社会人士，特别是他在赌博或夜生活中认识的女人。他在舞池里很拉风，确实有一种放荡不羁的魅力。

父亲认识犹太黑手党的迈耶·兰斯基，直到去世前，父亲一直都和兰斯基的搭档——人称"蓝眼睛吉米"的吉米·艾尔罗来往密切。我见过几次吉米，他和我父亲每年都在纽约聚会几次，他们会选择在帕特西餐厅吃饭，这是一家意大利餐厅，弗兰克·辛纳特拉等名人经常去这里吃饭。吉米是一个很有魅力的人，口才极好。在我眼里，他是一个可爱的老爷爷。在帕特西餐厅吃饭时，父亲和吉米会兴致勃勃地回忆过往的美好时光。谈到赌博时，他们还论起了"革命友谊"。虽然有时会谈到一些臭名昭著的人，但是他们都不会当着我的面谈论一些细节，毕竟我还是个孩子。

我父亲的朋友圈里也有很多负面人物。他的另一个熟人乔伊·阿纳斯塔西亚在喜来登公园酒店的理发店里被枪杀后，父亲被警察带走做了质询。显然，在被害人遇害的前一天晚上，他们两个人一起去赌博了。但是我从来没有见过父亲的这一面，他会小心地让我远离他的这一面。

二战期间，当政府从民间高价收购黄金用于备战时，父亲发现了其中的发财机会。他用现金从其他人手里买来黄金首饰，然后把首饰熔化，再卖给政府。从此，父亲以此为业。后来，父亲对我讲起他年轻时的苦难，给我讲谋生的艰难。他讲自己如何在哈林区和上曼哈顿区的公寓楼里爬上爬下，收购旧的金手镯、金戒指和金饰针之类的东西，来者不拒。他腿上的那一道刀疤，就是在那段日子里留下的。我小的时候，他会指着膝盖附近的刀疤告诉我，他是如何在哈林区的屋顶上被劫匪袭击的。我清楚地记得，在讲述这段过往的时候，父亲津津有味地提到劫匪的下场其实比他更惨。

在战争期间收购黄金改变了父亲的一生，这让父亲进入了珠宝行业。他成了曼哈顿第47街"钻石区"的常客，在那里大家都用现金交易。父亲用现金买货，这很勇敢，当然有时也会显得鲁莽。他决断迅速，这既帮了他也害了他。钻石区的人都认识父亲，因为他确实与众不同。他身材高大，声音洪亮，这或许是因为听力不好。他和各种各样的人做买卖。我甚至听到有人称他为"珠宝暴徒"，但这肯定不是他的主要生意。

在与其他犹太人的商业往来中，父亲感到困惑甚至消极。和任何民族一样，犹太人也分好人和坏人。我的父亲和一些非正统派犹太人一样，喜欢用不诚实和不道德来评价正统派犹太人。父亲对这些人提出更高的标准，可能是因为他们对犹太教律法更为热衷的缘故。他在生气的时候甚至说过这样的话：好人都在大屠杀里死去了。他认为，那些幸存者，要么卑微地妥协了，要么卑劣地背叛了。

他曾经给我讲过一个故事，让我至今仍然感到气愤。他给了两个正统派犹太人珠宝商一件珠宝，让他们去卖掉。几天以后没有成交，这两个人把珠宝交还给父亲，他很快发现，珠宝上的主钻石被以次充好调包了。父亲大怒，准备报复。他等了一段时间（君子报仇十年不晚），电话通知他们有另一件珠宝可以交易。他们来到父亲的公寓，一进门，父亲便掏出左轮手枪，指着他们的头。父亲让他们跪下，不然就要开枪。他怒斥这两个人的不忠和愚蠢，居然敢欺骗他。他们颤抖着招供了，生怕父亲开枪。他们开始哭泣，挽起袖子，露出了在集中营里被文在身上的数字号码。父亲看到文身后心软了，踱着步考虑怎么处置这两个人。最后，他鄙夷地把这两个人轰出了门。

父亲有自己的道德准则。这对他非常重要，偶尔他也会讲给我听。每一位父亲都希望给后代传递一套价值观，我父亲也一样，尽管他的生活方式值得商榷。他的行为是基于"诚实"和"可敬"这两重标准的。正如他所说,"诚实"的人会纳税,但是只要有可能,就会立刻搞小动作,或者利用法律漏洞去偷税漏税。而"遵纪守法"的人却不一定就有道德。父亲认识很多政治人物,这些人是两面人,在标榜诚实的同时中饱私囊。父亲对这种资产阶级伪善深恶痛绝。"可敬"的人是要能够排除万难履行诺言的,而做到这一点首先就要忠于朋友,即使面对压力也不能背叛。父亲在自己的圈子里素以正直闻名,他为此感到自豪,虽然他的信条源于市井。

父亲言行一致,即使破财,也会履行承诺。20世纪60年代,有一次父亲去伦敦赌博,在那里遇到了一位从以色列来的移民,是一位名叫施洛莫·穆萨耶夫的珠宝商,他是布哈拉人,在以色列成了家,刚刚搬到伦敦,在经历了各种困顿之后,开始重新做生意。父亲立刻喜欢上了施洛莫夫妇,近乎本能地相信他们。因此,在离开英国之前,父亲给了他们一个可以重新站稳脚跟的机会,他把原本属于埃及法鲁克王朝的一串价值连城的珍宝留给了施洛莫。他告诉施洛莫自己希望卖出的底价,如果高于底价卖出,超出底价的部分,父亲会和他平分。

几个月后,父亲回到伦敦。尽管施洛莫竭尽全力,但是那件珠宝仍然没能卖掉,于是父亲把珠宝取了回来。对于施洛莫而言,虽然这桩买卖算是结束了,但是他仍然非常感激父亲对他的信任。过了几个月,父亲再次来到伦敦,找到施洛莫。一见面,父亲就掏出一沓2.5万美元的现金交给他,这让施洛莫大吃一惊。父亲说,他很幸运在美国把这件珠宝卖出了高价,而他一直把施洛莫当成合作伙伴,这些钱是施洛莫应得的利润。这种事情太少见了,尤其是在珠宝行业。施洛莫是当今闻名世界的珠宝经销商,业务遍布中东地区。他曾经经手过

20世纪后半叶最著名的钻石交易。他和他的家人多次跟我说过，他的第一次成功源于我父亲的善意和资助。

父亲和施洛莫始终保持着友谊。几年后，父亲再次去伦敦时，会把钱寄存在施洛莫处，以防止自己在赌博时挥霍殆尽，有时候一存就是5万美元。然而，让施洛莫感到不快的是，父亲经常在半夜给他打电话说："我现在需要钱！"施洛莫一般都会拒绝，导致父亲只好从赌桌上离开。过了几天，等赌瘾过去之后，父亲会感谢施洛莫明智地拒绝了自己的要求。

* * *

对我来说，父亲就是我的偶像，我从小就崇拜他。记得有一次，我曾向朋友吹嘘父亲在棒球小联盟打过比赛。这是他亲口跟我说的，但却是捏造的。父亲还告诉过我，他曾在二战期间参军服役，后来我发现这也是假的。但是我依然了解父亲的一些真实状况，在我小的时候，他会时常带我去参加他的夜生活。20世纪50年代，他会偶尔带我去一家叫作科帕卡巴纳的夜总会，这家位于曼哈顿东区的夜总会经常有社交名流光顾。父亲在那里很吃得开，会得到很好的招待。保安和门童会称呼父亲为"红发先生"或者"红发麦吉"，因为父亲长得有点像爱尔兰人。由于父亲挥金如土，因此大受欢迎，总是被带到最好的赌桌。

夜总会的舞台上总有犹太喜剧演员演出，比如乔伊·刘易斯和乔·E.布朗，他们经常在演出过程中向父亲致意。父亲只点一种叫唐·培里侬的酒，这是酒单上最贵的香槟。父亲在夜总会里很拉风，很多人会请父亲喝唐·培里侬，从而争取到和父亲同桌的机会。回想起来，这家夜总会的场景，就和电影《好家伙》里的情节一样。和本森赫斯特相比，这里的氛围让我感到敬畏，我喜欢那些跟父亲一起不定期外出的时光。父亲是那里的大人物，我为他感到骄傲。

我无法确定父亲的哪些经历是真实的，哪些是虚构的。他在前卡斯特罗时代的古巴的事情，他在古巴赌场持有股份的事情，那些赌场上大笔的输赢，以及他对女人的着迷——这些都不是小孩，甚至不是青少年能够理解的。父亲是人群中的焦点，受到朋友们的欢迎，他总是挥金如土。在我十几岁的时候，每次见到他，他都会塞给我一两张百元大钞。这和我母亲十几年前认识的那个他简直判若两人，那时，父亲甚至拿不出法院判决要求他支付的每月 50 美元的抚养费。从那时起，父亲的财务状况有了改善。

1953 年的时候，父亲有时会和华尔街的经纪人在一起赌博。阴差阳错地，有个人说服我父亲买了两只他根本不了解的股票。实际上，父亲对整个金融市场一无所知。这件事发生在我的成人礼之前，父亲把这些股票作为礼物送给了我，祝贺我长大成人。这是我最早持有的股票，100 股宾夕法尼亚迪克西水泥公司和 100 股哥伦比亚天然气公司。我还记得，当时宾夕法尼亚迪克西水泥公司的股价是每股 37 美元，哥伦比亚天然气公司的股价是 16 美元，我手上的股票加起来价值超过 5000 美元，这对一个 13 岁的孩子来说可不是小钱了。这份礼物非比寻常，它超出了我的掌控能力。当时的成人礼礼物通常价值 5～20 美元，或者是面值 25 美元或 50 美元的国库券。父亲将这些股票送给我的时候，毫无炫耀之意，这令我难以为报——没有什么对我的意义能和这份礼物相提并论。我认识的人都对股票和市场一无所知，我要靠自己了。

这份礼物让我为之一振。我被深深地吸引了，不仅因为这些股票很值钱，还因为股票的价值波动实在太令人着迷了。晚上睡觉前，我把股票藏在抽屉里，第二天一早，股票的价值就变了。如果宾夕法尼亚迪克西水泥公司的股价上涨1美元，我就有100美元的收益。和我每周4美元的零花钱相比，我的财务情况出现了重大的变化。两年后，当我15岁的时候，母亲费尽周折帮我找到一个在杂货店当帮工的机会。我的第一份暑期工作是搬运罐头，这份工作很辛苦，我不喜欢。一个暑假，我挣了100多美元。显然，还是通过股票一晚上就挣100美元更划算。

对这些股票的迷恋，让我自然而然地对股市产生了兴趣。我竭尽所能地学习一切和股票相关的知识。我仔细阅读报纸上的股票专栏，搞清楚了那些神秘缩写和符号的含义。后来，我开始阅读不同版本的《纽约世界电讯－太阳报》，了解当天的股票价格变化，这份报纸每天都会发行中午版、两点版和收市版。

我很快就了解到几家经纪公司在布鲁克林市中心设有办事处。没多久，我就不再打棍球了，而是每天跟踪股市的走势。下课铃响之后，我会尽快搭上去往布鲁克林市中心的地铁，那种兴奋是小时候从来没有体会过的。我在迪卡尔布大道下车，然后直奔巴赫公司的经纪办事处。

对我来说，巴赫公司的经纪办事处无论是工作节奏、工作强度还是整体风格，都代表一个全新的世界。一进门，我就被人们的亢奋所包围。很多人叼着雪茄，从一张桌子窜到另一张桌子，盯着行情，不断交易。我坐在访客席上，对经纪人充满了敬畏。弥漫的雪茄烟雾，模糊的手势，这些压得我有点喘不过气来。这里就是华尔街，人们从混乱当中寻找机会。每个经纪人都有故事要讲，都有股票要推荐，都有佣金要赚。人们小声说着投资技巧和并购的传闻。很多人谈论着根本就不存在的"事情"，他们还会说一些应景的看似高深实则没用的话。他们在这里的唯一目的，就是在交易时段里尽可能赚到更多的钱。

我只是个孩子，所以大多数经纪人都不会理我。但是没过多久，有些人开始发现我每天都来，他们偶尔会冲我点个头。我喜欢观察股票的价格波动，学会了如何看走势图，并且能画出我喜欢的股票的未来走势。行情大屏幕的噪声加剧了紧张的气氛。你不仅能看到股价波动，还能用耳朵听到市场的变化。市场越活跃，行情大屏幕的声音就越密集。这是市场的音乐，当市场的节奏加快时，市场里的听众就会更加兴奋。

在业余时间里，我开始阅读公司年报和标准普尔的清单，这些资料对每家上市公司都进行了简述，能够帮助我了解一家复杂公司的基本情况，这让我十分着迷。我对美国资本主义的初次体验，夹杂着些许少年时的憧憬和紧张。在我当时那个年纪，乘地铁去曼哈顿仍然算是一种冒险，然而我已经可以了解到远在俄亥俄、加利福尼亚和印第安纳的上市公司，并且能够持有它们的股票了。这些股票代表了真实的资产，比如采石场、水泥制造厂、卡车等。股市为我展示了一方全新的天地。

我很快就从巴赫公司的迪卡尔布大道的经纪办事处毕业了，然后转战曼哈顿。在那段日子里，美林－皮尔斯－芬纳－史密斯公司（简称美林）在中央车站开了一个培训办公室。我去了那里，骄傲地开了人生中的第一个股票账户（我母亲是监护人）。在这里，我可以查阅更多的公开信息。办公室里有一台古董电脑，能查阅上市公司的最新资料。对我来说，这已经是顶级配置了。一有空，我就会到这里查上市公司信息，然后抱着一摞资料回家。美林和其他大多数经纪公司一样，会对个股和行业进行大量研究。在那个乐观的年代，有几大主题主导着经纪业务，其中一个主题是：投资美国的未来。最后，我买了一批自己研究过的股票。

像大多数新手一样，我在初期也是个菜鸟。在股票市场上，每个人都会付出代价，有时候甚至刚入门的时候就会摔个大跟头。我那时还没学会谨慎，也不懂风险为何物，结果踩了不少的坑。我急迫地收集了几乎所有在报纸上打了广告的免费投资分析报告，可是最后正是这些免费的报告，让我亏损了一大笔钱。

我清楚地记得买入斯旺－芬奇石油公司股票时的情景。我当时看到一份免费的报告，然后写信索取。这份报告大力推荐了这只股票的独特投资机会，于是我给撰写报告的经纪人打了个电话。他把我彻底忽悠了。我觉得自己找到了一个难得的投资机会。当然，我被骗了，这是一个野鸡经纪商，专门雇人销售有问题的场外股票，骗的就是我这样的新手或者粗心之人。我记得我被骗买了几百股，之后股价就开始下跌。我让母亲给这个经纪人打电话，结果母亲也被忽悠买了股票，之后股价继续下跌。我们继续被他忽悠，补了仓。这当然是错上加错，因为这只股票根本一钱不值。如果衡量我在中学时代的投资业绩，那一定是非常糟糕的。虽然总共只亏了大概几千美元，但在当时，这可是一笔大钱了。但是，我并没有因此而过于苦恼，因为可能要去杂货店上班的阴影盖过了亏损。更可气的是，母亲的血汗钱也亏了进去。我发誓，这种事情今后绝对不会再发生了。

不管结果如何，我对市场是如此痴迷，以至于没有其他的事情能让我如此陶醉。我想去华尔街工作，下了这个决心之后，我就再也没有考虑过其他的职业了。对我来说，这不是工作，而是乐趣。我开始喜欢在交易中与风险共舞，享受从风险中获利的快感。如果获得了回报，那么观察股价波动就是一种投机式的乐趣。毫无疑问，我从父亲那里继承了对刺激的热衷，他一生都在冒险和挑战极限。无论在心理上、情感上还是智力上，我当时的投资方式和赌博毫无差异。

然而，在我生命的大部分时间里，我都为知道一件事感到欣慰，那就是要想在股票市场上取得成功，就需要在信息和经验方面不断学习。和其他需要运气的游戏不同，股票市场不是随机的。虽然老话说"运气比聪明重要"，但是千万不要在股票上下注，买股票不能靠运气，而要靠积累专业知识获得回报。当然，投机带来的快乐，特别是投机成功带来的快乐，和赌博的刺激是相似的。我很幸运，我在股市里寻找到了这种快乐，而不是在赌场上。在这个过程中，我赚了大钱，这不是因为我的本事大，而是因为我选对了赛道。父亲送给我的两只股票，对我的人生产生了最为重要的影响，超过了其他一切。

由于父亲不能常伴我的左右，他无法履行一个传统父亲的职责。但是每隔一段时间，他都会为我做点什么——一个手势、轻轻推我一下，或者是送我一个礼物，这些都对我产生了重大影响。我真后悔没能对父亲表达更多的感激。

也许正因为如此，我可能需要在别处寻找一个更为传统的父亲形象作为替代。我记得母亲曾和一个叫本的男人约会过，我很喜欢他，喜欢他的热情和善良。在我成人礼之前的几年里，我每周都有一两次能看到他和母亲在一起。他成了替代我父亲的人。在我的成人礼上，就是父亲送我股票的那次，我没有向父亲打招呼，而是向本挥了挥手。传统的成人礼礼物是一个装有现金的白色信封。不久，我的口袋里就塞满了装着现金的白色信封。最后，我甚至需要别人帮我拿着这些信封，我请本（而不是我父亲）帮忙。我这么做是因为，我对本更加亲近。

对我来说，本带着我和母亲去科尼岛的内森吃东西，是一周当中最快乐的事。我清楚地记得，我站在内森的柜台旁，闻着大西洋海风的味道，看着大西洋的海浪冲刷沙滩。我一直都喜欢内森的汉堡包和炸薯条，它家的炸薯条是我吃过中的最好吃的。我也偶尔会吃点炸虾，那可真是享受。内森的热狗举世闻名，但我更喜欢它家的汉堡包和炸薯条。我们在家里很节俭，去内森吃东西算是一种享受了。一想到去内森吃大餐，我就会想起本，我希望他能和母亲结婚。吃完大餐后，我们会去散步，本和母亲沿着宽阔的木板路散步，我会待在附近的沙滩上。

到内森郊游，增进了我和本的亲密关系。本是一个单身主义者，最终没有和母亲结婚。他喜欢和我在一起，这对我很重要。因此在我的成人礼上，我把信封交给本是理所当然的。但是当成人礼结束以后，母亲告诉我，我的父亲在看着我把信封交给本的时候，面露尴尬，显然父亲的感情受到了伤害。回过头看，我为自己忽略了父亲的感受而难过，但是我对此无能为力。我和父亲的关系常常充满尴尬。

许多年后，我已长大成人，有一天，我接到一个名叫本·麦考夫的人的电话，对方的声音显得又老又弱。他跟我说，他在报纸上看到了我的名字，想知道我是否就是他以前认识的那个名叫迈克尔·斯坦哈特的孩子。我告诉他我就是。我们回忆起那些到内森旅行的日子。他问起了我的母亲，我们聊了很久也很愉快。我们重温了过去的日子，我仿佛又闻到了海水的咸味，又尝到了美味的汉堡包和炸薯条。那是我最后一次听到本的消息。

* * *

还有另一个原因导致我和父亲的关系复杂。父亲不仅靠不住，反复无常，而且脾气暴躁。他的坏脾气会不合时宜地爆发出来，尤其当我们在一起的时候，而他在赌博时，反倒不会这样。

有一次，我记得我和父亲去看巨人队的比赛。我一直都喜欢巨人队，而我的很多朋友都支持道奇队。我并不以为意，我甚至有点享受这一点小小的与众不同。

我了解巨人队的每一位球员，包括他们的履历和技术统计。1951年，当博比·汤姆森（Bobby Thomson）打出"声音传遍世界的一击"时，我激动地吼出声来。我永远不会忘记解说员大喊："巨人队赢了！巨人队赢了！"

而我和巨人队之间的另一段回忆，就没有那么愉快了。那是一个周日，当时我才11岁，父亲带我去看巨人队对阵辛辛那提红人队的比赛。通常是母亲带我去的，但是次数太少，总不过瘾。我一般会通过收音机收听比赛的转播，在我们买了电视以后，我开始看实况转播。

能和父亲一起去看比赛，让我很兴奋。第一局父亲随口说了一句自己是红人队的球迷，我根本就没注意到他说这句话，我也不知道为什么我没关注到这句话，可能是他的声音太小了。说实话，他不支持自己家乡的球队，也是挺奇怪的。

比赛令人兴奋，双方比分一直很接近。红人队在第八局以四比二领先，巨人队有两个人上垒，唐·米勒准备击球。米勒实力一般，不是优秀的本垒击球手，但是作为左撇子，他却可以利用主场优势，因为球场的右野比较短。第二次击球时，他打出了一个本垒打，刚好打进了观众席。

我简直不敢相信！当米勒的本垒打击中观众席墙壁的那一刻，我毫不掩饰地直接蹦了起来！巨人队以五比四反超了。这简直跟童话差不多，而且是由我支持的球队书写的。

当米勒还在跑垒时，全场欢呼，而唯一没有庆祝的人就坐在我的身旁，那就是沉默着的父亲。当我仔细看向他的时候，发现他一点都不高兴。他坐在座位上，显得焦虑而痛苦。我不知道他为什么会这样。我记起他好像说起过他支持红人队，但我不理解为什么米勒的本垒打让父亲感觉如此不快。辛辛那提红人队在第九局没有得分，主场观众已经沸腾了，但是父亲却狠狠地瞪着我。当我跟着欢呼时，父亲突然站起来，朝我的肩膀狠狠地打了一拳。这是真打，这一拳很重，我都惊呆了。他从来没有这样打过我，我也不知道该怎么办。

"你怎么这么傻?"父亲喊道,"你以为唐·米勒会为你买单吗?你认为巨人队会为你付大学学费吗?你就是个傻子。你知道我为这场比赛输了多少钱吗?"

他的话我都没听进去。我被他吓到了,然后开始哭,而这让父亲更加生气。直到今天,我都记得父亲在那个下午的愤怒。总之,我和父亲的关系一直都很复杂。

| 第4章 |

常春藤、军队和华尔街

因为初中跳过级,所以我读高三的时候只有16岁,那时我要考虑上大学的事情了。我决定就读位于曼哈顿的伯纳德·巴鲁克商学院,它属于纽约城市学院。这所学校对我来说比较合适,因为学校对于成绩达标的纽约生源免收学费,我只需要负担杂费。我所认识的本森赫斯特的学生几乎都进入了市立大学体系。但是,父亲再次不期而至,改变了我的计划,也改变了我的人生。

那是一个周日,父亲请我去曼哈顿72街的圣牛牛排餐厅吃饭,那是他最喜欢的餐厅。在饭桌上,父亲问我打算读哪所大学。我原本以为高中都没毕业的父亲,不会关心我选哪所大学。我告诉他,我已经被伯纳德·巴鲁克商学院录取了。

"那是一所商学院,很适合我。"我说,"我对股市很感兴趣。不管怎样,我的分数过线了,我可以免费去上学。"父亲看着我,"那不是你想去的地方。"他吃了一口牛排,平静地说,"费城也有一所商学院,很多犹太富豪都是从那里毕业的。"

"你是怎么知道的？"我问道。

"我在星期日的《纽约时报》社会版上看到了他们的结婚启事。"

他放下刀叉，好像在谈一笔业务。

"试试去那里，"他说，"如果你考进去了，我付学费。"

我不明白他为什么要这样要求我。"但是，申请截止日好像已经过了。"

"所以你会是明年最早一批申请学位的学生了，去申请吧。"

父亲说的这所学校，当然就是宾夕法尼亚大学（以下简称宾大）的沃顿商学院。那时，我不太看重学校的声望，这和很多同龄人不同。常春藤联盟是一个耀眼的精英世界，有自己的规则，而我对此十分陌生。我在社交方面成熟较晚，高中时都没有约会过，也罕有机会和女孩子亲近。我应该是个书呆子，对社交礼仪知之甚少。放学后，只要有空，我都和男孩子们一起玩，如果我没有进入股市，现在应该依然在打棍球。

尽管不谙世事，我还是接受了父亲的建议，在最后一刻申请了沃顿商学院。出人意料的是，沃顿商学院把我录取了。当我打电话告诉父亲这个消息时，他并没有表现出惊讶和兴奋，只是不断重复着他会付学费的。

回想起来，我母亲一直与父亲保持着联系，就是她觉得有朝一日父亲能帮到我。只要有机会，父亲一定会帮忙。在我年轻的时候，我从心里抗拒父亲，不仅仅是因为他很凶，就像那天巨人队和红人队比赛时表现的那样，还因为他破坏了他和母亲的婚姻，这让母亲处境艰难，让我沦为单亲子女。每次和父亲通电话，我都会感到紧张。他的脾气很差，我不知道他会在什么时候发脾气，我很怕他发作。我很纠结该如何称呼他，即使在我和他很亲密的时候，我也无法叫他"爸爸"。当我给他写信时，我会以"亲爱的爸爸"作为开头，但私下谈话的时候，这种称呼让我感到很别扭。可能父亲也面临同样的尴尬吧。尽管如此，母亲依然鼓励我不要让父亲从我的生活中消失。看来，母亲是对的。

我记得当父亲出现时，我会很紧张、很怕他。但是，我依然想和他在一起，像一对真正的父子那样。总而言之，尽管父亲有不好的一面，比如他的情绪起伏很大，发起脾气来很吓人，但是我依然很高兴能见到他，依然和他保持往来。父亲对我的生活产生了巨大的影响，他在成人礼上送给我的股票，以及送我去沃顿商学院读书，这两点足以改变我的一生。

母亲独自把我养大，其间承受了太多的磨难。她是我童年和少年时代最坚定的依靠。她把一生都奉献给了我，给我做饭，带我去看球赛，带我去动物园。母亲尽力地工作，但是从未有过一份稳定的工作，我想她一定很孤独。母亲的无私和奉献其实无法用文字表达。有点讽刺的是，小时候虽然贫穷，但我感到无比安全，长大以后虽然富裕了，却再也没有那种安全感。母亲从不给我压力，也不会轻易评判别人，她给了我无私的爱。因为我被母爱所包围，所以我在与朋友、亲戚和邻居相处时，感到十分自在。我从未感到过无助，没有爬向上层社会的欲望，也没有为出身平常而感到过自卑。我知道钱是好东西，但只要是身外之物，都没有太多所谓。父亲为我提供了上大学的机会，而母亲则让我为此做好了准备。

* * *

1957年秋天,我到宾大报到,那时我只是一个来自布鲁克林的16岁青涩犹太男孩。宾大让我感受到了和我的成长环境截然不同的氛围。首先让我感到惊奇的是同学们的着装。同学里有很多人都是富二代,有自己的穿着规范,他们会穿带领扣的衬衫,知道在哪里能买到合身的夹克,他们会把毛衣穿得很得体,把毛衣搭在肩上,衣袖系在胸前。我从未注意过本森赫斯特的人是如何穿衣打扮的,而这里是常春藤联盟,我初到宾大,只是一个出身平凡、热爱股市但是分不清夹克和西装的孩子。

我的第一个室友叫戴维·欧文,他的父亲是一位海军上尉。戴维为人正直、保守、笃信基督教,我们几乎是两个世界的人。他很有个性,我们在磨合了一阵子之后,相处得很好。当然,我在宾大结交的朋友大多是犹太人,这是因为学校里犹太人很多,有各种各样的犹太兄弟会,但由于我不擅交际,未能加入其中。我跟一个叫"希勒尔"的犹太社团一起吃过晚餐,倒不是因为这样符合犹太教义,而是因为这样能够融入校园生活。在那里,我结识了一位一生的好友,哈里·弗罗因德。

我们相见恨晚。哈里来自曼哈顿一个中上阶层的犹太家庭,他毕业于一所犹太教全日制学校。他的母亲曾担任美国妇女犹太复国运动组织"哈达萨"的主席,是一位声望很高的犹太慈善家。哈里是在一个纯粹的犹太世界里长大的,来到多种族汇聚的宾大,对他来说是一种全新的经历。每当学习新的课程时,哈里就会尽力去背诵,比如用犹太法典的方式去复述,或者大声吟诵,这让周围的人很难堪。他对每一件事情都要给出犹太式的解释，这让我有时会指责他是个犹太偏执狂。在宾大，哈里始终专注于犹太文化，我对自己的犹太认同有一部分要归功于我和他的友谊。我甚至和他打赌，总有一天他会移民到以色列。我还在等待着这一天，而现在却只等到他从韦斯特切斯特搬回了曼哈顿。

随着我在大学不断学习，阅历持续增加，我的思想得到了提升，这让我能够再次质疑年轻时接受过的传统教育。从13岁的成年礼到16岁上大学，尽管我对神学的怀疑与日俱增，但我每天还是会穿上宗教服饰去做早祷。这个五分钟的仪式让我感觉良好、内心平静，这和我的无神论观点并不冲突。

在宾大，我要学习历史、哲学和自然科学，这些都是世俗教育的基础课程。我开始进一步质疑宗教，重新审视上帝是否存在。和很多人一样，我被这个问题反复折磨。

如果真的有无所不知、无所不能的上帝存在，他又怎么会放任痛苦遍布人间，特别是让无辜的百姓饱受痛苦呢？神学家对这个问题的解答是：上帝的行为通常不是人类所能理解的。这是最好的答案吗？这个答案并不能让我满意。因此，我不知不觉地又回到了孩提时代的疑问当中，成了无神论者，这让母亲非常沮丧。我知道母亲很敏感，也知道她的信仰，但是我更爱真理。我记得，大学期间的某个赎罪日，我在母亲和舅舅一家斋戒的时候，在他们面前饱餐了一顿，这让他们非常恼火。以前，我喜欢和亲戚们一起讨论神学问题，但是现在，在我大快朵颐的时候，他们只能默默地瞪着我。对我来说，这是一场毫无意义的胜利。

我上大学之后,母亲搬进了本森赫斯特一间更小的公寓里,位于海湾公园大道和 O 大道之间的西七街上。我偶尔会在周末回家,穿着红蓝相间的宾大校服去看望邻居和朋友,这种感觉特别好。那个年代,能上大学的男生远多于女生。我的很多同学根本没有申请大学,很多女生高中毕业就结婚了。高中同学里读大学的多数都没有离开纽约,他们就读于市立大学或纽约的其他学校。我是一个例外,这要感谢我的父亲。

因为母亲没有钱,我也不相信父亲能够一直帮我付学费,因此我决定压缩学时,用三年的时间完成四年的学业。我在大二和大三两年大量上课,并在纽约大学学习了两个暑期课程,终于完成了学分。然而,三个学年的计划不能满足会计系毕业的基本要求,因为会计系要求至少上满四个学年。

于是,我选择了社会学系,因为社会学系没有上满四年的基本要求。刚开始,我是一个好学生,第一年就获得了院长奖,但从第二年开始,我的课程太多了,导致成绩下滑,最终落选了院长奖。

我在宾大上过的最有价值的一门课,是弗朗西斯·布朗博士教授的统计哲学,这门课对我的思维方式影响非常大。我对数字和统计数据一向很在行,而这门课讲授了一个分析框架,帮助我更好地理解了什么是概率,以及如何在现实当中进行应用。在这门课上,我们学习了如何将问题进行量化、获得概率分布,以及如何在没有现成模型的情况下构建新的模型。这门统计学课程,和我主修的社会学课程,对于我在股市中的职业生涯来说,是极好的搭配。统计学让我能够轻松地运用概率论,而社会学让我能够运用数学方法,思考和理解人类行为的逻辑。

有了这样的复合背景，我可以充满信心地去解读和数字相关的问题，即使是有限的定量分析，也足以让我迈入那些原本一知半解的领域。这让我能在之后多年的投资过程中，自信地运用不完整的数据做出投资决策。每一项投资运算都涉及某种概率分析，我很早就明白了这个道理，并且能够运用自如。

在宾大学习期间，父亲被捕了。联邦调查局一直在关注他，同样地，他们也关注了父亲的赌友和合作伙伴。

1958年，曼哈顿地区的检察官弗兰克·霍根逮捕了我父亲，并宣称他逮捕了美国最大的珠宝销赃犯索尔·弗兰克·斯坦哈特。我不知道该如何面对这件事，媒体的报道让我感到非常羞愧。大家都知道他是我的父亲。父亲极力辩解，想自证清白，而我相信他。或许是因为我和父亲之间的关系不同寻常，我们之间虽有隔阂，但是当他受到攻击的时候，我和他反而变得更亲近一些。

审判持续了六个多星期，充满了戏剧性，受到媒体的广泛关注。在此期间，发生了很多原本不太可能发生的事情。有一次，正在审理此案的助理检察官伯顿·罗伯茨走到陪审团席前，指着旁听席上的一个人说："看到那个家伙了吗？他是被告的朋友，是个杀人犯！"他停顿了一下，摸了摸自己的胯，接着说："我不是指这种疝气。"当时，"杀人犯"在意第绪语中，是对"疝气"的委婉说法。

对我来说，审判过程犹如儿戏。庭审时，父亲和他的律师，以及其他人似乎心情都不错。整个场面像一场马戏，证人有在押犯，有前科犯，有陌生女人，还有旁观者，他们各自进行着表演。我记得有几次，我甚至想否认和父亲的关系，但是我必须接受现实，承认父亲是一个什么样的人。

最终，斯坦哈特案成了典型的乱起诉和不当行为的案子。这反映出美国司法制度的悲哀现实。父亲因两项重罪被判入狱，每一项罪名都代表 5～10 年徒刑，并且要并罚。这可能是初犯面临的最长刑期了。父亲第一次上诉以四比一败诉。如果五位法官都判他败诉，上诉就被驳回了，但父亲很幸运，有一位法官给了一线生机。

通过我的一个堂兄菲尔·科索斯基，我雇了一位在布鲁克林法学院任教的律师，他为父亲赢得了第二次上诉，这次上诉赢在检举地方检察官的不当行为，而不再争取新的审判机会。法院决定，如果父亲认罪的话，可以在已服刑期限的基础上，将父亲释放（那时他已经服刑两年了），父亲同意了。

父亲在狱中的经历就像一部曲折的小说。他最初在韦斯特切斯特县的辛辛监狱，然后被转移到纽约州北部偏僻的最高安全等级监狱丹尼莫拉。这次转移是对父亲在辛辛监狱得到"照顾"的一种惩罚，到那种地方去真是一种折磨。即使见到父亲，我心里也产生不出丝毫的高兴。父亲怒不可遏，声称律师陷害了他，而且整个司法体系都是腐败的。在监狱里，父亲由于紧张，不停地磨牙，结果把牙都磨坏了。

当时，我完全相信父亲是清白的，他也是这样对我说的。他一直进行着无罪辩护，诉说着强加给他的不公正待遇。后来，我的看法发生了变化。无论他是否有罪，他肯定有过多次珠宝销赃的经历。然而，有这样的非法行为是一回事，法庭不公正地判决是另外一回事。这段经历让我对司法系统产生了本不该有的厌恶情绪。

伯顿·罗伯茨检察官后来成了一名法官，据传他是汤姆·沃尔夫的畅销书《虚荣的篝火》中法官的原型。

* * *

1960年，我从沃顿商学院毕业，到华尔街去找工作。我一度担心雇主会认出我是索尔·弗兰克·斯坦哈特的儿子，幸运的是，没人发现这件事。但是，我要面对其他更直接的问题。19岁的时候，我不够成熟，没有任何背景和关系，也没有捷径可走，我经历了一个令人难过的阶段：陌生拜访，另外就是通过中介帮忙找工作。我比其他同学提前一年毕业，这意味着只有我一个人在找工作。我的专业是社会学，这不是华尔街想要的专业背景。在被多家华尔街的公司拒绝之后，我开始转向保险公司投递简历。有几位面试官问我："斯坦哈特是德国的姓氏吗？"不管对方的意图是什么，这都让我开始意识到自己的犹太身份。

终于，在传统的老牌共同基金凯文·布洛克公司，面试官对我产生了一点兴趣，我得以有机会见到公司研究部门的负责人。面试很顺利，我得到了统计助理的职位，负责最基础的研究工作，周薪75美元。我二话没说就同意了。

我在沃顿商学院没有上过任何一门投资课程，尽管我从小就在市场上摸爬滚打，但是我并不熟悉华尔街的运作机制。在凯文·布洛克，我学到了很多投资管理的知识。更重要的是，我在这里明白了什么是专业精神。我需要在仔细分析资产负债表、利润表和年报之后，才能给出初步的意见。然后还要会晤公司的管理层，并与分析师磋商。只有通过公司高级投资经理认真讨论之后，才能形成荐股意见。

这种严格的决策程序，有自身的结构、限制和活力，与我之前的经历大相径庭。

我每天都忙于要在部门的周度会议上汇报的宏观统计研究。不久，我开始分析上市公司。我感觉自己就像一个闯进糖果店的孩子，被研究报告、行业手册和各种文档资料所包围，多年来我都为这些信息着迷。那真是一段令人激动的时光，我成功地把少年时期的爱好变成了工作，并且还提高了我在股市里的投资表现。我喜欢这份工作，几乎每天晚上我都是最后一个离开公司的。

我同时也继续着传统方式的教育。晚上，我会去纽约大学的研究生商学院上课，那里距离华尔街只有三个街区，吸引了大批有着丰富实战经验并且愿意授课的专业证券人士。很不幸，我在很多有趣的课上睡着了，包括亨利·考夫曼的货币政策学。由于我上课的时间较短，没有获得MBA的学位，但是我依然认可那里优异的教学质量。

从沃顿商学院毕业之后，母亲在本森赫斯特的新公寓就成了"家"，我乘地铁上下班。刚开始和母亲住在一起感觉还不错，但是我很快就意识到，我需要独立了。

我打电话给宾大的朋友哈里·弗罗因德，最终我们在曼哈顿上东区的东79街一起合租。我们两个人性格不同，风格迥异，我可以很轻松地说服影迷《单身公寓》就是以我们为原型的。

哈里保守、细致、为人挑剔。他外表整洁，一丝不苟。而我则对着装和公寓不太上心。有一次，哈里决定做个试验，他没有像往常一样把垃圾倒掉，而是想看看我需要多久才会打扫这些垃圾。两个星期之后，我们要翻过一座垃圾山才能出得了门，哈里只好放弃试验，自己清理垃圾。

哈里对各种不好的环境状况异常敏感。总的来说，他会躲避极端天气，并且会躲着阳光。走在街上的时候，他会用报纸挡住自己的脸，以免阳光直射到他的脸上。

哈里时刻都要保持完美的状态。他从不开车，有一次，我开车送他去布鲁克林的海洋公园，去参加他女朋友的聚会。那天正好下雪，我那辆旧的普利茅斯敞篷车在路边只停了一会儿，就落满了脏兮兮的雪，这是纽约暴风雪留下的最糟糕的痕迹。我尝试用雨刷清理挡风玻璃，但是雨刷被冻住了。

我从后备箱里拿出一条毛巾擦挡风玻璃，哈里用他随身携带的干净湿巾擦后窗。我擦完之后，哈里还在擦后窗。"哈里，用这个！"我把刚用过的脏毛巾扔给他。他看着扔过来的毛巾，却没有反应过来，结果这条脏毛巾结结实实地糊在了他的脸上。后来，他一路上都没有和我说话，只是从身上不断掏出干净的湿巾，让我甚至担心起这种湿巾是否都要脱销了。最终他把身上带的所有湿巾都用了，并为自己再次整洁一新感到满意。

尽管我们在生活上差异较大，但是我们仍旧共同居住了好几年。哈里和我依然是亲密的朋友，可以共同回忆过往的美好时光。我怀疑公正的观察员会得出这样的结论：我在合租的日子里占了大便宜。我当然是承认这一点的。

从我开始参加工作起，父亲就把钱借给我进行投资了。很快我就拥有了一个20万美元的股票投资组合。对于20世纪60年代一个20岁的年轻人来说，这可不是小数目了。但是凯文·布洛克并不为我父亲这样的客户提供服务。凯文·布洛克服务于主流投资者，投资对象是具有长期增长潜力的优质美国公司。卓越的、具有时间敏感性的、创新的资金管理，是我的投资理想，但这不是凯文·布洛克的目标。相反，凯文·布洛克更倾向于建立在传统研究之上的持续增长，这是一种稳健、传统且保守的投资方法，有一种绅士风范。这种方法不会过度冒险，至少不会冒共同基金业界公认的风险。

休·布洛克爵士经营着这家公司，他是一位身材高大、威严、谈吐文雅的绅士。他创建了公司的原则，赋予了公司品格，他经常把投资比喻为航海，以此指导公司的装潢和图文材料。在休爵士的办公室里有一个玻璃柜，里面陈列着一艘精心设计的古老帆船模型。公司的每周通讯《航海日志》在讨论经济环境时，经常使用"波涛汹涌的大海"和"稳定的航向"等词汇。在凯文·布洛克，公司的目标并不是赢得比赛，而是让船安全靠岸。

我对凯文·布洛克最美好的记忆，来自第二次参加公司年度"黑领带"晚宴。每年，公司都会邀请地区共同基金的销售团队到纽约，参加为期两天的会议和宴会，其中的重头戏是第二天晚上举行的晚宴，这是一个只为公司高管们准备的正式活动。这项只有男士参加的活动，会在最古老的俱乐部里举行。据我所知，这里不欢迎犹太人，甚至会拒绝犹太人入内。

休爵士会做晚宴致辞。我第一次参加宴会时，听他热情洋溢地用航海比喻公司：船长掌舵、汹涌的波涛、指路的明星、坚固的轮船、勇敢的水手，等等。最后，他总结道："这是一家由基督徒组成的公司。"他的眼睛饱含着确信，环视着四周。"因为英雄惜英雄。"我往周围看了看，如果不包括我的话，休说的是对的。在这种场合下，我深刻地体会到生活在基督教世界中的犹太人的感受。

在接下来的一年里，我继续享受工作，工作能力也有所提升，并且和休爵士有了更多的个人交往。在我第二年参加晚宴时，休爵士起身发表演讲，再次用航海术语讲述了公司的历史，并总结了让我们在市场风浪中不断前进的品格。演讲最后，他又说起了之前说过的那句话。"这是一家由……"在这个关键时刻，他环视左右，当看到我时，顿了一下，最后说，"……绅士们组成的公司，因为英雄惜英雄。"

这是我在华尔街第一份工作中的高光时刻。

* * *

1961年末，因为要服兵役，我在凯文·布洛克的工作告一段落。虽然我没被征召入伍，但我依然要随时待命。我选择到军队服六个月的定期现役，然后在国民警卫队服六年的预备役。

那一年我21岁。11月，我到新泽西州的迪克斯堡报到。当兵是一种人生经历，回忆这段往事，我感到愉快和温暖，还有一种特殊的受虐的快感。那时，我有一生中最好的身材，那也是我最后一次体重低于185磅[一]。穿上军装之后，我结识了很多终生的朋友。因为这些人从不隐藏自己的喜怒哀乐，所以一些"军队特有"的经历给我留下了深刻的回忆。至少，我现在还是这样认为的。但是在当时，其实感觉很糟糕。我和陌生人一起住在狭小的军营里，遇见了各种各样的人，大多数人都难以再见第二面。只有在军队里，才会认识

[一] 1 磅 = 0.453 592 4 千克。

社会上的三教九流。

再过两代人的时间，美国人的生活中可能就不再有和军队相关的痕迹了，这值得整个社会予以关注。人们在以色列一天内看到的军事装备比在美国一年内看到的还要多。下一代美国人参军的概率很低。然而，在20世纪的第三个25年中，情况大不相同。对我来说，因为古巴导弹危机或者越南战争而被征召入伍的概率实在太高了。

军事训练是现实和虚幻的结合。在20世纪60年代初期，步兵创设了一个叫作"逃跑与躲避"的训练科目。我们听了整整一天关于这两个主题的课程，当天晚上，奉命进行战争演练，通过训练模拟真实的战场。教官创设这个科目，是为了帮助我们应对被俘之后的局面。

军队之所以创设这个项目，是因为一些美国士兵在战争中的表现实在是太差了。

通过一整天的课程，我们学习了《日内瓦公约》以及如何使用指南针和其他野外设备。黄昏时分，我们一帮人被丢在了树林里。我们的任务是穿过几英里的树林，到达对面的目的地。在整个过程中，隐藏在树林里的敌人（由步兵假扮）会设法抓住我们。

我记得当时我们一头扎进了寒冷阴森的树林。随后大家散开，就剩下我一人独自行动。当我走进树林深处时，已经是漆黑一片，远处不断传来尖叫声，那声音令人毛骨悚然。我越往前走，尖叫声就越大，我分不清声音是从哪里来的，只觉得声音非常恐怖。

然后，突然，前方一阵嘈杂。我立刻卧倒不动，感觉前面好像有人被"俘虏"了。不一会儿，有人走到我跟前，用手电筒照我的脸，我也被抓住了。然后，我和其他"战俘"一起被带到一个像监狱一样的大院里，外面围着铁丝网，里面是木屋。那种可怕的尖叫声就是从木屋里传出来的。"敌人"把我们带到木屋附近，命令我们靠墙站成一排。不久，一位军官站在了我们的面前，"听着，你们可以随时离开这里，回到你们的营房，条件是要告诉我一件除了你的名字、军衔和编号以外的信息。告诉我你来自哪个部队，你就可以走了。这只是个战争演练，干吗要浪费大家的时间呢？"

当然，我们接受过训练，不能透露除了姓名、军衔和编号之外的信息。"敌人"以黑人居多，他们把我们围住进行折磨，从我们当中选了六个人出来，举起一根沉重的枕木到头上方。就在这时，一位军官过来狠狠踢了我一脚。"你要做的就是！"他喊道，"告诉我你的番号！"此时，木屋里不断传来尖叫声。最后，军官把我推进发出尖叫声的木屋。"轮到你了。"

在屋里，有两个家伙命令我脱光全身的衣服，然后抓住我，把我带到一把电椅旁边。"坐下。"他们捆住我的手脚，把电极贴在我的身上，对我说："告诉我们你的番号！"看到我没吱声，他们打了个手势，一个男的转动了机器的开关，一阵电流从我的身上穿过。那种疼痛简直撕心裂肺。我开始哗哗地流眼泪，拼命地大喊大叫。他们反复电击我，最后，一个在我身边来回转悠的人看了我的名牌，说："又一个该死的犹太人！"他的同伴们附和着："知道！该死的犹太人！"之后他们一起哄笑，并示意那个人继续电击我。如此反复了好多次，他们才停下来。"好了，"其中一个人说道，"到另一个房间去。"酷刑终于结束了。

尽管这只是一场战争演练,但是这份记忆却一直萦绕在我的脑海里。我的战友们似乎很喜欢说反犹的脏话。如果有人告诉我,这样做能够帮助一个新兵尽快成长的话,我会仔细思考和质疑这件事情的合理性。虽然这件事发生在新泽西州的中部,而且敌人是假扮的,但是这段经历让我难以忘却。

那天晚上,是我生命中唯一一次因为犹太人的身份被人攻击。我禁不住想起了大屠杀,想起犹太人在历史上遭遇过的那些真正的迫害。这次不是战争,没有危险,但是我依然清楚地记得这件事。

* * *

在服役的六个月里,我从没有停止过股票交易。在这段时间里,我发现自己是多么热爱股票交易。也许是因为我成长于一个较为闭塞的环境,我发现每天最大的乐趣就是观察市场走势。截至那时,我的投资组合已经大幅增长了。我在参军时,把自己的钱交给了我的朋友埃里克·谢恩伯格进行管理,他毕业于沃顿商学院,后来在高盛任职。

服役期间,埃里克有时会开车去迪克斯堡看望我,带着保证金和其他经纪文件,让我签字。我不是优秀新兵,所以没有周末通行证,这让我的行动很受限制。在一个无聊的周末,我决定冒点儿险,和埃里克一起重温一下在宾大共进晚餐的情景。我在服役受苦的同时赚了不少钱,正好庆祝一下。然而,军队里一般不发放外出晚餐的通行证,有几个中士一直问我如何把薪水拿出来去投资,但是他们不愿意用外出就餐的特权进行交换。在部队里,我学会了要有创造力，于是我说服埃里克把我藏在汽车后座的毯子下面，偷偷把我带离军营。那天晚上，我们在费城的布克宾得斯餐厅吃到的龙虾，比平时更美味。

到了 5 月，我的军旅生涯终于结束了。我在退伍之后，立刻回到华尔街，短暂的离开让我更加想念这里。起初，工作不太好找。后来，中介帮我介绍了一份在《金融世界》杂志当撰稿人的工作。我很高兴能得到这份工作。

| 第 5 章 |

华尔街的当红分析师

我在《金融世界》的工作包括两部分。第一部分是每周写一篇"投资新闻和观点"的专栏文章,向客户提供一般性的信息和建议。我介绍的是周期性行业,即生产钢铁、农业设备、汽车和类似产品的行业。我会用三分之一的篇幅,大概几段,介绍基本事实,但是我不提供专业性的信息,也不写突发新闻。一般情况下,我都是通过浏览相关行业的报纸和杂志,来收集信息。

通常,我会花一天到一天半的时间,研究撰写"投资新闻和观点"专栏。其余时间,我会完成第二部分工作:回复读者来信。《金融世界》的读者每周可以向编辑部的"专家"提问一次,之后会得到私信答复。我的工作职责包括给读者写回信,但我觉得这个工作没意思。

有些来信很难回复,特别是有些很深奥的问题。举个很有代表性的虚构的例子:

亲爱的《金融世界》:

我持有 36 股拉克万纳铁路公司的股票,这家公司是哆来咪铁路公司的前身,通过并购被并入了宾夕法尼亚铁路公司。我想知道这些股票现在在哪里进行交易，它们的分红明细，以及如何计算在1928年买入的持有人的税前收入。

凡此种种，令人难受。和这个虚构的例子一样，很多来信都相当有针对性，根本无法进行分析。通常情况下，我需要翻看一堆穆迪和标准普尔的报告，才能给出答案。

我还收到过很多这样的来信：

亲爱的《金融世界》：

我是通用汽车的股东，你觉得这只股票怎么样？

我很喜欢回答这些问题，因为这些问题符合我的兴趣：证券分析。但是，每四封像是关于通用汽车这样的信里，肯定会夹着一封拉克万纳式的信，我也只好勉为其难去回信。

很快，我就很抵触回复这些恐怖的来信了，于是我把它们单独存放，每周用一天的时间来专门处理。后来，我就更懒得回这些信了，除非读者发出下面这样的怒吼：

亲爱的《金融世界》（以下是我的抱怨）：

我要取消订阅！你们答应过，会对每一封来信进行回复。六周以前，我寄给你们一封关于雅卡尤卡电力公司的信，到现在都没得到回复。

然后我会迅速回复：

亲爱的读者：

请接受我们的道歉。您的信可能在邮寄途中丢失了，不要紧，以下是我们对雅卡尤卡电力公司的点评。

有一天，我得了流感在家休息，老板看到了当天的来信，发现几封投诉信。为了搞清楚原因，他把我的书桌翻了个遍，发现了我的那些"存货"整齐地放在那里。我没有尽职，并且证据确凿。当我回到公司上班时，老板把我叫进办公室，瞪着我，直接宣布把我解雇。我试图解释为什么没有回信，但是没有这个机会。老板让我立刻卷铺盖走人。

我走在去地铁站的路上，心想："太惨了！我才22岁啊，居然被裁了！我该如何面对以后的日子啊？"上了地铁，我开始担心自己在华尔街的职业生涯要结束了。"这事儿也挺有意思，"我想，"但是有点惨。我不想答复那些问题，让我被裁了。"

然而，没过一个星期，老板就电召让我回去上班。原来，接替我工作的那个人是个酒鬼，每天吃午饭会喝点酒，然后到了下午四点钟再回来上班。我立刻抓住这个弥补的机会，告诉老板我第二天一早就去上班。当我第二天走进《金融世界》杂志社的大厅时，感到无比欣慰。人生需要点运气，至少有时确实如此。

在重回《金融世界》上班以后，我成了一名勤奋的员工。我要珍惜这次机会。每次收到拉克万纳式的来信，我都会当天一一回信。当我养成这种工作习惯之后，我发现回顾上市公司的历史是十分有趣的，历史会呈现出斗转星移的变化。这些恐怖的来信反映出，有一大批没有投资经验的投资者，依旧持有已经变得一钱不值的股票。这些悲惨的来信反映了那些被封藏的金融投资历史。

尽管我努力工作，但是依然饱受回复恐怖来信的折磨，因此我开始骑驴找马，寻找其他工作机会。在《金融世界》上班期间，我和一位邮票收藏家（我童年时也爱好集邮）成了朋友，他把我介绍给了韦特海姆公司的分析师乔·拉瑟，我们开始讨论起投资的事情。乔把我想换工作的事情放在了心上。我猜，一定是我渊博的知识打动了他吧。

当时韦特海姆公司没有职位空缺，所以乔把我介绍给了勒布－罗兹公司研究部门的高管，并安排了一次面试。他们能见我就已经让我很激动了。在面试过程中，我遇到了几个人：理查德·波拉克，消费股研究负责人，后来成为所有研究部门的负责人（最后他加入了我的斯坦哈特合伙公司）；还有悉尼·纳菲尔，他负责工业股，后来是我的顶头上司（他最终成为一位非常成功的私募股权投资者）。我很高兴，勒布－罗兹同意我入职了，我当即接受。离开《金融世界》那份沉闷的工作让我感到兴奋，我终于逃出牢笼。现在，我将加入华尔街最古老的经纪公司之一工作了。

我已经在《金融世界》工作了九个月，其间还被解雇一次，我在那里的时间够长了。

* * *

24岁时，我开始了在勒布－罗兹公司的分析师生涯。当时，勒布－罗兹充满神秘。和许多华尔街公司一样，它是从德国犹太银行家族公司演变而来的。20世纪60年代，在这里工作的人多是受过高等教育、伶牙俐齿、风度翩翩的犹太移民，比如阿尔芒·埃普夫、萨姆·斯特德曼和马克·米勒德，他们创造了一种氛围。约翰·勒布是公司的负责人，很有威望，尽管（对大多数基层员工来说）有点距离感。

我很喜欢勒布－罗兹的同事，包括高级合伙人，但我尤其喜欢研究部门的同事，我和他们中的一些人成了亲密的朋友。这是一个年轻的部门，大家会分享投资理念，互相"挑刺儿"。大多数分析师同事都有强烈的创业热情，能赚到钱既可以得到客户的称赞，也是自我成功的标志。我和同事其乐融融，下班后经常相约聚会。

在勒布－罗兹的工作，最终证明了父亲对我的重要帮助。如果我按照当初的计划报考城市学院，如果父亲没有在最后一刻力主把我送进沃顿商学院的话，勒布－罗兹是不可能雇用我的。这里的员工几乎都是常春藤毕业的：哈佛大学、耶鲁大学、宾夕法尼亚大学，等等。华尔街始终都在寻找有精英教育背景的人。父亲的远见让我获得了宾大的学位，我才得以拿到这块敲门砖，但是修行在个人了。我很想知道，在学术领域，常春藤和当时的纽约市立学校之间，到底有何区别。

我在勒布－罗兹的工作改变了我的生活，这里的工资非常高。应该说，在认识的人里，我是挣得最多的，当然这里是指从本森赫斯特出来的人。

我经常加班，有时甚至到深夜，因为分析工作对我来说是一种真正的享受。我每天都很高兴，享受每一次挑战。很快，我就确立了自己作为严肃分析师的定位，我对公司甚至行业内部的运作有着近乎天才般的理解。凭借在《金融世界》的经验，我开始研究周期性行业。在研究单个公司，特别是在成熟的同质化行业（比如汽车）的公司时，我主要依靠行业周刊、汽车销售报告以及在其他定量资料中所获得的统计数据。我会定期到底特律去拜访公司的管理层。此外，我还需要详细了解公司的资产负债表，阅读公司财务报告、年度报告和信息披露文件中的附注，最重要的是通过这些信息进行收益预测。把这些与宏观经济变化联系起来，就得到一份脱颖而出的研究报告了。那些能够投入时间和精力完成这些复杂研究的分析师，会被市场追捧。有些公司的研究学术性较强，它们在调研过程中会剔除一些赚钱的功利性因素。

令我十分自豪的是，我对自己负责的标的公司每股收益的测算十分精确。有一次，我对通用汽车每股收益的测算精确到了美分，那一刻我感觉站在了巅峰之上。如今做一份准确的盈利预测已经稀松平常了，但是在 20 世纪 60 年代中期，那可是罕见的技术。

通过基本面分析、对管理层的拜访和定量测算来吸引投资者，这一过程让我非常满足。我喜欢写一些表达不同观点的报告，喜欢拜访机构客户并阐述这些观点。我同样为自己能够准确预测公司的基本面和股价变化而感到自豪。当然，我也有对有错。

* * *

有一天，小约翰·勒布让我去一家名叫海湾西部工业的企业集团进行调研。约翰在酒会上遇到了对方的董事长查理·布卢多恩，商量安排一位分析师到公司访谈。因为海湾西部工业下面有一家我熟知的大型汽车配件厂，因此我被派去和布卢多恩见面。

企业集团是组织架构自由的经济体，往往有超高的业绩增速。许多企业集团会通过并购参与和主营业务不相关的业务。在此之前，勒布－罗兹一直没有把企业集团放在研究范围之内，公司认为"内生的"增长比外延式并购更有价值，也更具有可预测性，因此能提供给客户更精确的数据。同时，与企业集团打交道，要提防"创造性的"财务手段，这些往往是华尔街分析师不擅长的。再有就是，许多企业集团都吸引了一些名声不佳的"精明的人才"。这些经理人经常将公司的新旧业务联系起来，他们极力强调这样一个观点：管理是具有普适性的。有人形容这些多元化的公司是被"口香糖"粘在一起的。保守严谨的勒布－罗兹认为，这些可疑的企业集团最好还是留给其他研究机构去覆盖吧。

布卢多恩是美国最为冷酷粗鲁的集团领导之一，当我去拜访他时（那时我 25 岁），他展示了自己聪明的一面。他古怪刁钻、固执己见，是一个真正的大亨和敢于冒险的赌徒，人称"奥地利疯子"。从业绩来看，他十分聪明。我们相谈甚欢，他谈到了海湾西部工业为了保持增长而运用的多样化战略，还满怀热情地讲述了雄心勃勃的收购计划。他时而跺脚，时而爆出粗口，给人留下深刻的印象。这次访谈让我备受启发，我回去后立刻撰写了一份研究报告，推荐了海湾西部工业的股票。在之后不到三个月的时间里，这只股票涨了三倍。作为分析师，我也开始声名鹊起。

因为我在海湾西部工业上的成功，勒布－罗兹改变了对企业集团的传统看法。很快，公司要求我分析其他类似的公司，因此我结识了当时许多知名企业集团的高管，如史蒂倍克－沃辛顿公司的德拉尔德·鲁滕伯格、班戈－邦塔公司的尼古拉斯·萨尔戈和 AMK 公司（后来成为联合品牌公司）的艾利·布莱克。我和乔治·夏芬伯格成了朋友，他刚刚离开利顿公司（当时是天才高管的摇篮），创办了城市投资公司。索尔·斯坦伯格当时只有 22 岁，成立了一家名为利斯柯的公司，主营电脑租赁，后来成为热门股，收购了一家名叫瑞连斯的保险公司,但之后在竞购化学银行时失败。凌 – 特姆科 – 沃特董事长吉米·凌以快速并购著称。企业集团成为华尔街的宠儿,曾经有段时间,我是它们的股价助推器。

我相信,我是第一个在分析企业集团优势时引入"协同效应"(整体大于各部分之和)的人。我推荐过大概六只企业集团股票,它们都陆续大幅上涨,有如神助。有好几次,当我推荐一只股票后,第二天纽交所开盘时就会涌入大量的买盘。有一段时间,我似乎成了华尔街最炙手可热的分析师。

我第一次感受到基于理性判断的力量。金融行业变化迅速,我当时只有二十几岁,沉迷在这种享受之中。尽管如此,我依然意识到,市场和人均在周期之中,我不可能永远站在云端。

* * *

当我在勒布 – 罗兹工作时,我仍然和哈里·弗罗因德一起合租。哈里当时在房地产行业,但我安排他去勒布 – 罗兹的研究部面试,最终他被录用了。

由于我和哈里合租,无法每天见到母亲,但我仍然经常去看望她,我一直努力说服她搬到曼哈顿去。我带她到我常去参加商务晚宴的餐厅用餐,很自豪能让她享受一份奢侈,虽然母亲也很喜欢那里的饭菜,但是她还是被价格吓到了,她会说能吃一份犹太热狗就很知足了。

在勒布 – 罗兹工作的日子里,我开始更频繁地见到父亲。一开始，他希望我帮他进行投资，他会给我比如 1 万美元，全是 100 美元一张的钞票。当然，我从来不问钱的来处，只是存起来帮他投资。有时他会交给我 1 万多美元。有一次，他给了我一大笔钱，我把兜都塞满了，紧张地坐地铁回家。拿着这么多现金，让我在穿过城市和地铁时时刻保持警惕。

和以往一样，父亲和我之间的关系有些微妙。他算是我的合伙人吗？收益要分成吗？还是说，他只是把钱借给我？他可以随时把钱提走，他也是这样做的。当然，收益我都会足额缴税，但这让我们的关系更复杂。真实情况是，我们两个人都没有仔细考虑过这件事。

用父亲的钱投资股票并未让我感到有压力。他对金钱"来得快去得快"的态度，让我对自己的财务状况很麻木。事实上，直到今天，我都不知道该如何（或者为什么）要把账户做平。对我来说，参与市场只是为了获得正确决策的满足感，成功的速度越快，就越满足。

我在股票市场上的冒险，显然比父亲那种纯赌博要好太多。我收获更大的胜率，并且对自己高度自信。选股、投机以及做一个好的分析师，我所做的这些都有明确的目的，这是和父亲赌博最大的区别。对我而言，做有价值的事情很重要。后来，我给父亲赚了很多钱。尽管我给他带来丰厚的回报，但是我总是不满意。这是因为我们的"生意"没有白纸黑字的合同吗？还是因为即使做更多也无法报答父亲呢？

* * *

母亲和父亲离婚后，经常在周五和周六的晚上出去约会。她以前经常去28俱乐部,那是一个28岁以上单身人士聚会的地方。她经常带与她同龄的女性朋友们一起回家。她们会在客厅里不断地唠叨:去28俱乐部这样的地方有多糟,去那里的男人根本就不想结婚之类的。母亲认为,如果一个40岁的男人还是单身,那他一定有问题。然而,在母亲约会的男人里面,有很多都超过40岁,并且从未结过婚。

我记得有一个叫山姆的人,身材矮小,鼻子很长。他深深地爱上了我的母亲,想要娶她为妻。我在勒布-罗兹上班期间,他们正式相处过。我当时是一位明星分析师,荐股极准。山姆有点现金,想让我帮他开个账户。因为他和母亲的关系,我对帮助山姆赚钱很是上心。我为他买入一只我很看好的股票,这是一只小盘股,股性很活跃。但是很不幸,我搞错了他的资产规模,我以为他要买24 000美元的股票,而实际上他只想买2400美元。在股票成交不到四天后,股价出现飙升,就像我推荐的其他股票一样,山姆一下子赚了25%的收益,但是他拿不出佣金。这就很尴尬,因为收益很大,我劝他想办法凑点钱。我作为经纪人,受限于法律要求,无法直接帮他。由于山姆拿不出这笔钱,我只能把股票转到另一个全权委托的账户,但这样的话,山姆就无法从这笔交易当中获利。这是一个很沮丧的插曲,但是也让我进一步了解了这个正在和我母亲约会的男人。

* * *

这段时间,我和A.G.贝克尔公司的一位年轻分析师霍华德·伯科威茨成了朋友,因为我们同时看中了一只股票——联盟纸业公司。之后,我们开始一起分析其他股票,交流观点。这又是一个魔幻般的时期,我继续点石成金,霍华德也一样。后来,他把我介绍给了杰罗尔德·法恩，他在老牌投资公司多米尼克（Dominick & Dominick）帮合伙人管钱。我们是同时期在沃顿商学院上学的，但是直到此时才认识。那时，我们都是20多岁的年轻人。

霍华德提出，我们三个人应该成立属于自己的私募投资基金——一家对冲基金公司。我们没有人能看清楚方向，但是都为能够拥有属于自己的公司感到兴奋，我们能获利多少完全取决于自己的业绩。这是投资者的梦想，也是我们的命运。

首先，我们要给公司起个名字。这挺难的，可能比选股还难。我们在霍华德的公寓里待了一宿，讨论是选用通用的名字还是用我们自己的名字。我们决定使用我们自己带有异族色彩的名字。然后，对名字的排序又讨论了很久。你可能以为，三个貌似成熟的年轻人不会太在乎排名，但是自尊心在这时闪亮登场，每个人都对自己的名字应该排在哪个位置有着自己的小算盘。杰瑞⊖说服我们，他的姓（法恩）很短，应该放在中间，我们同意了。最后，我和霍华德花了大量时间讨论之后决定抛硬币决定。我赢了，所以公司的名字叫作斯坦哈特－法恩－伯科威茨公司。我们觉得这家公司自带光环，这当然是自信的表现。

我们聘请了霍华德的妹夫保罗·罗思作为我们的律师，他刚创办了自己的律师事务所——贝尔与麦戈德里克，后来成为舒尔特－罗思－扎贝尔公司。我们公司是他们的第一个对冲基金客户，他们后来成为对冲基金行业最大、最优秀的律师事务所。保罗有点担心我们的公司名听上去像一个犹太副食店，而不是一家资产管理公司，但是我们决定了，就用这个名字。除了这件事之外，保罗的律师事务所在后面的30年里几乎无可挑剔。

⊖ 杰罗尔德的昵称。

| 第 6 章 |

斯坦哈特－法恩－伯科威茨公司

就在新公司成立之际，我却不得不在其他事情上面分心。约旦－埃及－叙利亚联盟的威胁，导致为期六天的中东战争爆发。我本想好好憧憬一下公司的未来，但这件事却深深地影响着我。我的好运不应该和以色列的厄运同时降临。

回想起来，"六日战争"是以色列取得的最大的军事胜利。但在战争爆发前的几周，结果还无法确定。在埃及民族主义总统纳赛尔的领导下，以色列的所有邻国团结一致，决心消灭犹太人。除了大屠杀，犹太人没有遭受过如此大的伤害。我必须做点什么，大屠杀发生的时候我还是个蹒跚学步的孩子，但是现在，我已经27岁了。

战争于1967年6月5日爆发。第二天晚上，我参加了在联合国大楼外举行的群众集会，街道上聚集了成千上万满面愁容的犹太人。在一辆大卡车的车厢上，政客们轮流发表演说。犹太领导人请求美国政府和联合国帮助以色列这个正在为生存而战的国家。这是一场感人和团结的集会，但也充满了无助和恐惧。

几轮演讲之后，什洛莫·卡尔巴赫站到了卡车上，他是一位拉比兼民谣歌手。他因在旧金山海特-阿什伯里区帮助问题青年而名声大噪，去世数年之后，他被尊称为"20世纪犹太宗教音乐之父"。"现在唯一有价值的事情，就是为在过去48小时内死去的以色列士兵祈祷。"说完，他开始为死难者唱祈祷歌。当他的声音响彻联合国广场时，人群突然安静下来，空气中弥漫着无比的平静。在第一大道和第二大道之间的47街上，只有卡尔巴赫那深沉悦耳的歌声，回荡在楼宇之间。人们安静地站着听。歌曲临近尾声时，卡尔巴赫再也抑制不住自己的情绪，弯腰痛哭起来。他的哭声回荡着，人们沉浸在痛苦和无助的氛围里，我永远都忘不了这一幕。

集会结束之后，我和卡尔巴赫聊了聊，我们已经认识好几年了。他告诉我，他想去以色列慰劳部队和战士，我当即表示愿意承担费用。但这还不够，我并不满足于为别人的贡献提供资助。就像我年轻时曾经幻想把犹太人从纳粹和阿拉伯部落中拯救出来一样，我一定要做点实实在在的贡献去帮助犹太同胞。随着战争爆发，阿拉伯人摆开阵势，这变成一场生存之战，所有犹太人都要团结起来，为了以色列的国家存亡，尽自己的力量。

我认为，没有什么比志愿保卫犹太国家更有意义的事情了。显然，很多人都是这么想的。当我准备订飞往以色列的机票时，发现所有航班都已经订满了。美国的犹太人，以及住在美国的以色列人，都在奔向以色列，占满了座位。我想方设法要去耶路撒冷，但是，就在战争爆发的第六天，我正准备动身赶往希腊雅典之前，战争结束了。

* * *

斯坦哈特-法恩-伯科威茨公司于1967年7月10日开业，战争把开业计划推迟了将近一个月。公司一共有 8 名初始员工，资本金为 770 万美元，主要为家人和朋友的出资，也有一部分来自勇敢的投资者，他们愿意把钱交给三个年轻的投资新贵进行投资。这些投资者几乎始终都和我们一路同行，一共 28 年，直到公司关停。公司位于离华尔街不远的比弗街 67 号，从事对冲基金业务。

尽管我们没有创造对冲基金，但肯定是对冲基金领域的先驱。社会学家琼斯在 1949 年创立了第一只对冲基金，他同时买入低估股票并卖空高估股票，通过杠杆，创造了一种能够忽略大盘走势的成功交易策略。这种基金的风险被认为得到了"对冲"，因此被称为"对冲基金"。

到了 20 世纪 60 年代中期，琼斯模式出现了几个模仿者。当霍华德、杰瑞和我考虑成立自己的资产管理公司时，对冲基金的模式对我们最有吸引力。但是，和琼斯模式不同，我们从来没有使用对冲工具完全消除市场风险。相反，我们依靠的是选股和择时能力。最重要的是，我们希望能够灵活运用多空仓位应对市场变化。

我常说，我们运用了投机技术，创造了一种保守的投资模式，降低了投资风险，这简直和传统观念背道而驰。当时，大多数传统基金经理几乎只做多头，因此他们 85%～99% 的仓位都有风险敞口。当市场上涨时，这种策略效果不错，但是当市场下跌时，这种策略就会导致亏损。而我们的对冲基金，就是要在各种市场环境下，都能为投资者创造绝对收益。

此外，我们还认为，用我们的个人资产进行跟投至关重要。唯有如此，我们才能在每一笔投资中，都和投资者在同一条船上，他们的风险就是我们自己的风险。事实上，在我的职业生涯里，我几乎全部个人资产都投资于自己管理的基金。直到今天，也没有其他基金经理把大部分个人资产投在自己的基金里，我也不会把钱投给这些不跟投的基金经理。

琼斯模式的对冲基金能够吸引我们的另一个原因，有对管理人有利的收费结构。传统的资产管理公司通常收取投资本金的0.5%～1%作为管理费，而对冲基金通常收取投资本金的1%作为管理费外加业绩报酬——我们按照惯例收取20%。业绩报酬和业绩挂钩，能够提供比固定管理费大得多的激励作用。底线是：如果基金亏损了，我们不收费，并且我们跟投的钱也会亏损；如果基金赚钱了，我们也会得到丰厚的回报。那时，我们年轻且自信，愿意把自己的未来押在以业绩为基础的报酬上，我们也以此敲开了成功的大门。

从一开始，斯坦哈特-法恩-伯科威茨公司就有出色的业绩。在20世纪60年代末成立的众多对冲基金当中，我们是为数不多能在多年之后存活下来的基金之一。之所以有大批基金会关停，不是因为对冲基金的结构有问题，而是因为20世纪60年代末和20世纪70年代初的市场有问题。

* * *

几年下来，我们的分工越来越明确，我更加专注于交易，而霍华德和杰瑞则更加专注于证券分析。我们的业务非常火爆，第一个财年（实际时间为三个月）实现31%的盈利，第二个财年（经历第一个完整年度）实现99%的盈利，同期标准普尔500指数分别上涨6.5%和

9.3%。截至 1969 年财年末，斯坦哈特 – 法恩 – 伯科威茨公司拥有近 3000 万美元的资金，其中一部分为利润滚存，另一部分来自新的投资者。短短两年时间里，杰瑞、霍华德和我都成了百万富翁。

我们在那个年代是真正意义上的独行侠。前不久刚出的一本叫作《华尔街新人》(*New Breed on Wall Street*) 的书，书里把我们描述成鲁莽、果断、自以为是和反传统的人。在这本书里，作者用一张我们在办公室里打撞球的照片，暗示我们反抗传统。传统的华尔街公司充斥着保守的、打着领结的人，和他们相比，我们简直离经叛道，我们的活力和自大震撼着华尔街。事实上，我们希望客户能和我们并肩投资的唯一原因，是我们能给他们带来更好的回报。我们要么做到最好，要么关门大吉。

有人援引我的话说："我们和 40 多岁到 60 多岁的人交流，我们比他们更了解这个市场。我们更灵活，更理解价值。"现在，我也是年过 60 岁的人了，这句话现在想想确实有点狂妄，但是在当时却是非常准确的。

* * *

1967 年，斯坦哈特 – 法恩 – 伯科威茨公司开业，当时美国经济正在蓬勃发展。那是个大干快上的年代，整个华尔街热火朝天。股票市场的特点是，机构交易者（主要是共同基金）激进地交易股票。二战结束前后，共同基金在证券交易中无足轻重。到了 20 世纪 60 年代中期，共同基金已经成为华尔街的一股改革力量。此外，自然人投资者开始通过共同基金买入股票，增加股票资产份额。其间涌现了一批

"神枪手"：富达基金的蔡志勇（Gerry Tsai）、安全股票基金（Security Equity Fund）的弗雷德·阿尔杰（Fred Alger）、德雷福斯（Dreyfus）的霍华德·斯坦（Howard Stein）、企业基金（Enterprise Fund）的弗雷德·卡尔（Fred Carr），以及臭名昭著的基金合伙人弗雷德·梅茨（Fred Mates）。共同基金的投资经理过去谨小慎微、操作缓慢，就像自己是托管人一样，这种日子一去不复返了。他们不再持股不动，而是积极交易、快速更新投资组合。对投资者来说，无限增长的概念已经取代了价值投资和坐吃股息。

在那个大干快上的几年里，人们争抢着甚至有些武断地买入股票，对有些股票甚至都不了解，就大举买入了。人们需要的只是一些简短的"消息"。在斯坦哈特-法恩-伯科威茨公司，我们是消息股的潜伏买家，我们到处打听消息，然后买进股票。

我们持有缅因糖业公司，消息称这家公司在缅因州种植甜菜，从而为在经济落后地区种植马铃薯提供了替代品。这个消息在当时是振奋人心的。与全国学生营销公司有关的消息则是蓬勃发展的青少年市场，这只股票的市盈率最终达到了 100 多倍。还有从事养鱼的海产养殖公司，以及液体栽培公司。而最热门的消息来自计算机、提词器、计算器和电子表领域。任何跟"数码"沾边的公司似乎都值得买入，因为这等同于先进的技术。这些公司包括控制数码、莫霍克数码和科学数码。还有一些以"onics"结尾的公司，比如 Liquidonics 和 Avionics。由于人口老龄化，四季护理中心和联合疗养院转型老年人护理，成为成长型公司。体重检测国际公司在让人变苗条的同时，还能帮人赚钱。这些公司我们都持有。

我们最成功的投资来自国王资源公司，与这家公司有关的消息是它拥有可观的石油和天然气开采权以及土地所有权。我们相信这一点，虽然平心而论，我们的信心很大程度上来自该公司董事长约翰·金的一家之言。随着金对未来的预期越来越乐观，这家公司的股价也一路走高。几个月之内，我们赚了大概五倍的钱。最终我们还是卖掉了股票，因为股价实在太高了。几年之后，这家公司就像许多大干快上的公司一样，破产了。我认识到，市场上的消息或者故事，无论真假，都是有价值的，特别是刚出炉的并且能给市场带来想象空间的新消息。我们被那些能言善道的老板们所吸引，听他们放出的各种消息。回想起来，他们的消息其实很荒唐，但就是这些信息，在市场情绪高涨时，往往能够轻易抓住人们的心。

从某种意义上说，我们是更大号的傻瓜，因为我们也卷进了当时的狂欢之中。但是，和其他人相比，我们有每天重新审视投资组合的紧迫感。因此，尽管我们也相信了上市公司的鬼话，但是依然卖掉了股票。

* * *

在我们成立对冲基金之后，华尔街开始出现了大宗交易业务。在大宗交易中，一家机构（比如共同基金或养老基金）会告知经纪人，准备买入或卖出大量股票，比方说一次性挂单超过10万股，而不是拆成多笔小单。通常情况下，专业的公司会在交易所提供流动性。但是，机构投资者的规模不断增大，交易更加积极，需要更多的资金，因此一些大型券商也参与到大宗交易中来，并赚取了高额佣金。

在这个崭新的业务领域中，早期的风云人物包括所罗门兄弟的杰伊·佩里（Jay Perry）、高盛的鲍勃·努钦（Bob Mnuchin）和奥本海默的威利·温斯坦（Willy Weinstein）。这项业务紧张刺激，竞争激烈。券商在匹配买卖双方差额时，需要动用大量的自有资金，并承担相应的风险。我有一个活跃的投资组合，时刻准备交易，因此在交易时间经常和上述几个人电话沟通，我们之间建立了真正的合作友谊。从某种意义上讲，我天生擅长沟通联络。由于我是整个信息网的核心，因此占据了竞争优势。我们和各家公司的交易台都有专线直连，我希望他们在看到股票有大笔成交的信息后，能够迅速告诉我。在交易的世界里，信息就是力量。和其他对冲基金一样，我们经常被指责"抢跑"——利用大宗交易商提供的信息进行交易。

在大宗交易刚开始的日子里，我感觉像是从婴儿手里抢糖吃。1969年，一位交易者要卖出70万股宾州中心的股票，这是当时东北部的一家大型铁路公司。这只股票已经进入《美国破产法》第11章规定的破产保护程序了。我在三级市场看到一批这只股票，查看了这只股票在纽约证券交易所的行情，当时的股价是7.875美元。这个卖家肯定没有研究过纽约证券交易所的做市商手册，因此我以7美元的价格买了70万股。事实上，卖方好像很庆幸，自己的卖价跟市价只相差不到1美元。而我反手就以7.75美元的价格把这70万股股票卖给了另一个买家。我本可以卖出3倍于这个数量的股票，因为买家非常有钱。我用了8分钟，赚了50多万美元。最重要的是，这笔交易没有风险。现在已经没有这种机会了，那是一个转型期的机会，当时很少有人像我们这么敏锐，并且安装了专线电话。这扇机会之窗已经永久关闭了。

赚钱有时候不靠智商和果断，而靠"恰到好处"。我曾经尝试从多个层面观察自己在公司中的角色。我会利用一切时间，抓住一切机会，每天专注投机，每打一通电话都像是打开了收款机。我可以和一位顶级经济学家就长期经济现象进行对话，之后再听交易员推荐大量的股票，而毫无违和感。由于规模很大，我们为经纪行业带来了巨额佣金，这让我们成了重要客户，获得许多优势。回想起来，我不太确定这有何价值，但是我敢肯定，大家都认为我们能够包容各种想法，这是一个很大的优势。

大约在这个时候，我第一次见到了艾伦·格林斯潘，那时他是 DLJ 公司的顾问，他每个季度都会和我们负责 DLJ 公司的销售人员来我们公司。我记得，我从他的话中学不到什么，并因此感到懊丧，他说的大多是基于常识的判断。如何评价记忆中的他呢？他是一位保守的经济学家吗？以后他会有大发展吗？我当时看不出来，有朝一日他居然能够影响全球金融市场。

* * *

当我回顾自己在华尔街 30 多年的职业生涯时，印象最深刻的还是那些痛苦的经历。可能这是我的天性吧，我一直都严于律己，在最初的日子里，我也不可避免地犯过错误。直到今天，我还会经常询问基金经理，他们迄今为止犯过的最大错误是什么。我发现，优秀的交易者更容易记住自己失败的经历，我也如此。我犯过的最早或许也是最可怕的错误，是做空西方石油（OXY）公司。

这家公司是由阿尔芒·哈默经营的，他有点过于聪明，心里又揣着很多歪点子，常常言过其实。我了解这家公司，在这只股票上做过几次波段，获过利。我对哈默这样的CEO抱有看法，我认为这只股票已经被高估了。我在股价为25美元的时候开始做空，一路做空到30多美元。但是更糟的还在后头，在我还没缓过神来的时候，股价开始暴涨。有传言说，公司在利比亚发现了石油，并且储量超过了沙特阿拉伯。短短几天时间，股价涨了一倍多。我简直要疯了，尽管这部分头寸在整个投资组合中占比不大，但是我自己对于股票的错误认知如此之深，依然让我非常痛苦。这一把亏损很大，我伤心极了。做空的损失让人更加担忧，因为理论上做空的损失是没有上限的。

OXY的每一次价格波动都牵动着我的心，让我似乎忘了投资组合中的其他头寸。并且，我无法判断这次的传言是否也会像之前的传言一样无疾而终。算了，吹牛的人总能走运，我是一个年轻的基金经理，刚刚亏了一大笔钱，丧失了信念。也许真的发现了几十亿桶石油吧，我不再质疑这件事了。

收盘后，我瘫坐在比弗街67号的办公桌旁，闷闷不乐地望着窗外。霍华德进来了，虽然他也情绪低落，但比我强一点。是我建的头寸，我负全责。他想安慰我，但是我没有回应。

太阳已经落山了，我还在凝视着窗外。这时，我在高盛的朋友埃里克·谢恩伯格进来了，察觉到了我的心情，但是他以一种令人懊恼的方式，试图让我保持乐观。他说了一堆蠢话，比如"放松点迈克，你还有胳膊有腿呀"。

当他说这句话的时候，我盯着他："要不换你试试？"我给霍华德使了个眼色，我们一起打开窗户，一把抓住埃里克，告诉他我们准备把他吊在窗外。我们不顾他的拼命反抗，把他推到窗前。

埃里克惊慌失措。OXY 的亏损让我看上去失去理智，甚至有一些暴力倾向，能够做出任何事情。他开始发出尖叫。在靠近窗户的那一刻，他奋力挣脱了。我们哈哈大笑起来，阴郁的气氛被打破了，至少暂时是这样。

| 第 7 章 |

我的妻子朱迪

1967年，也就是我们成立斯坦哈特-法恩-伯科威茨公司的那一年，我认识了妻子朱迪。我们俩是在一个很特殊的情形下见面的。菲尔·戴维·法恩（和我的合伙人杰瑞没关系）是波士顿的一位律师，和肯尼迪家族有来往，当时担任小企业管理局的负责人。他多年来和朱迪一家走得很近，知道朱迪刚刚离开波士顿前往纽约。他是我一个朋友的哥哥，几个月之前就把朱迪的电话号码给了我。而我是一个害羞的单身汉，不喜欢相亲，所以一直没有给朱迪打过电话。

此前，菲尔曾经给我打电话，告诉我他要来纽约，安排一个西海岸客户的女朋友在纽约一家名叫"拉丁区"的时尚夜总会里演出。菲尔跟沃尔特一家过从甚密，特别是和芭芭拉·沃尔特的父亲卢很熟悉，他就是通过卢安排客户的女朋友去演出的。能在"拉丁区"演出是一件大事，菲尔为他的客户——国际薄烤饼屋（IHOP）的经营者送了一个很特殊的人情。菲尔邀请我出席这位歌手的首秀，那天晚上朱迪碰巧也在场。

这不是我第一次见到朱迪。在创办了斯坦哈特-法恩-伯科威茨公司之后，我仍住在东79街，开车到华尔街上班。每天我都要接三个（有时四个）朋友一起走。我的公寓离列克星敦大道不远。一路往东，在第三大道拐角接第一个朋友，在第二大道接第二个朋友，在约克大道接第三个朋友，然后开车到市区。

搭车的有我当时的女朋友，她是我在勒布-罗兹的同事。另外一个女孩住在约克大道79街，和另外两个人合租一套房子，其中一个人因为谈恋爱搬走了，空出了一个位子。负责租约的是来自宾夕法尼亚州威尔克斯-巴里的芭芭拉·艾森斯坦，她和来自宾夕法尼亚州斯克兰顿的朱迪思·艾布拉姆斯之前有些交情。"六日战争"结束之后，她们同游了以色列，重叙友谊。当时，朱迪在波士顿重建局工作，这是一家负责城市重建的机构，但是她决定搬到纽约。当芭芭拉的室友离开后，朱迪就有了来纽约的条件——对，就是菲尔认识的那个朱迪。

顺便插一句，那位搬走而为朱迪腾出空房的室友是丹尼丝·艾森伯格。她去了西班牙，后来嫁给了马克·里奇。马克·里奇是世界上最有名的逃犯之一，当然这是后来的事情了。在20世纪60年代中后期，马克过着纸醉金迷的生活，这让丹尼丝为之着迷。朱迪搬进了丹尼丝的房间，菲尔给了我她的号码，但我一直没有打过去。

朱迪来自斯克兰顿的一个中产阶级家庭，她在家里三个女儿中排行老大。她父亲是个超市批发商，后来把生意转让给了大西洋和太平洋茶叶公司（A&P），因此在朱迪很小的时候，她家里就比较宽裕。按照家里的要求，朱迪本科就读于密歇根大学，在图夫茨大学获得了硕士学位，之后结束了在波士顿的生活。来到纽约之后，她在纽约市长约翰·林赛管理的部门谋得一份工作,做城市重建工作。

在朱迪每天坐地铁去市政厅的那段日子里,我每天早上都会开车去接朱迪的室友芭芭拉,她算是我的车友。我当时的女朋友坐在我的海军蓝普利茅斯敞篷车的副驾驶,芭芭拉坐在后排,后排还有安德烈·埃尔肯,他也是勒布-罗兹的分析师。当时我是最火的分析师,正准备从勒布-罗兹离职创办斯坦哈特-法恩-伯科威茨公司。当我开车接这些人时,他们都要求我推荐股票。"你在买什么股票,迈克?你觉得哪些股票比较好?"那段日子里,我们一路上讨论的都是我喜欢的股票。

朱迪搬来之后不久,因为滑雪扭伤了脚踝。芭芭拉问我,能不能开车送朱迪几天。从约克大道到地铁站,要走很长一段路,如果我能去楼下接她,朱迪就不用受这个罪了。我同意了。一天早上,朱迪上了车,坐在车的后排,戴了一副大边框黑色墨镜。我从后视镜里看着她,觉得她有点像奥黛丽·赫本,很迷人。她身材高挑,一头黑发,黑眼睛,笑容灿烂。朱迪坐在车里,全程没有说话。连续几天早上,她都静静地坐在敞篷车的后座上,看上去非常优雅。我觉得没有必要听她说话,仅从后视镜里看她几眼就很满足了。

几年后,朱迪坚持说,因为搭我的车赚到了钱。她听到我谈论缅因糖业公司和科罗拉多矿业公司,之后就打电话给她的父亲,告诉他自己遇到了"股市天才",并向他父亲推荐了这两只股票。显然,她父亲买了这两只股票,并且赚了不少钱。因为这件事,他的父亲给她买了人生中第一件皮大衣。

我和朱迪没有交谈。因为腿伤,她下车的时候有点费劲,我忍不住去看她的美腿，一直到她腿伤痊愈、不再搭车为止。多年之后，朱迪告诉我，她问过芭芭拉，为什么没有把她和我凑成一对，芭芭拉说，她觉得我不是朱迪喜欢的类型，她觉得朱迪应该和高大帅气、善交际的人在一起，而我显然不在此列。但朱迪没有告诉芭芭拉的是，由于她的父母在成长过程中讨论过各种职业，朱迪很倾向于在华尔街上班的男人。有些父母希望自己的女儿能嫁给医生或者律师，但是朱迪的父母似乎更喜欢犹太金融家。然而，朱迪对金融根本不感兴趣。

在"拉丁区"，我第一次有机会和朱迪单独相处。我被她迷住了。在夜总会里，我们一阵尬聊之后，终于可以放松地共舞一曲。我永远不会忘记，在舞池里把她挽在身旁的感觉。她容光焕发，好像天使一般。她还彬彬有礼，从来不说我跳得不好，其实我一直都不太会跳舞，我最不愿意提起的就是我的舞技了。那天结束时，我已经满脑子都是朱迪了，她把我的魂儿都带走了。她一直都是那样的美丽和热情，充满魅力。

"拉丁区"那晚之后不久，我鼓起勇气，给朱迪打了电话约会。朱迪答应了。在犹太新年的晚上，我在韦斯特切斯特县的朋友家接上她，开车到我的朋友什洛莫·卡莱巴赫的家，他家住在西79街犹太教堂北面，在西区大道和河边大道之间。什洛莫和母亲同住，他的母亲非常威严，两人交谈时很热闹。母亲会凶儿子，但是不管怎样批评，什洛莫总是微笑地回应。他天生彬彬有礼，但是眼中却闪着调皮的光。晚上的庆祝活动结束后，朱迪和我离开什洛莫家，沿着哈德逊河散步。在犹太新年，犹太人要在水边散步，象征把自己的罪恶扔进水里。朱迪和我没有进行过这样的仪式，因为我们都不懂这些老理儿，但是我们在这个犹太新年都很快乐。这个夜晚，我彻底被朱迪迷住了。

＊ ＊ ＊

如果说，那天晚上在"拉丁区"我还没有爱上朱迪的话，那么我们第一次约会的时候，我肯定爱上了朱迪。我对她一见钟情，立刻和之前的女朋友分手了，只和朱迪交往。我们从一开始就是认真的。我们最喜欢在卡尔·舒尔茨公园散步。在20世纪80年代，这个公园位于曼哈顿东河沿岸，市长官邸就在公园附近。一天晚上，当我们穿过公园时，天空开始下起小雨。我问朱迪是否介意一起在雨中散步，她坚定地说不介意。她看上去非常自然从容。这是我们初期交往中的闪亮时刻之一：两人漫步于蒙蒙细雨之中，浑然不觉雨滴沾身，心中只有越发炽热的爱。在我认识朱迪之后，那是她唯一一次在雨中散步。

有些晚上，我会给朱迪出点地理或者政治方面的题考考她。我会让她猜猜塞浦路斯、南非、保加利亚和埃塞俄比亚的首都在哪里。和预料的一样，她常常不知道答案。我会显摆一下我的知识，而朱迪从不怯场，对于知道或者不知道的知识，她都能从容应对。我觉得朱迪更喜欢我在地理和政治方面的学识，因为她明白那些是有价值的。我们开始在一起打网球，我经常赢。我故意打趣，说她的母亲教育她，有时候要故意输给某些男士，对此她坚决否认。

朱迪是一个传统的自由民主派，我也不认为自己是共和派（尽管我在1964年投票给了共和党的科德沃特），但是我很自豪，我是一个保守派，这在纽约的犹太人当中是很少见的。我可以愉快地读《国家评论》，我崇敬作家威廉·巴克利。我以取笑自由主义者为乐，其中包括我的很多朋友。从某种意义上说，我的这种保守主义源于我看不惯很多纽约的问题。我不相信靠增加政府支出就能解决城市问题。和其他保守派一样，我认为解决之道在于减税、鼓励私营企业和节约公共开支。我会大谈约翰逊总统的"伟大社会"计划。朱迪和我就政治问题争论过很多次，现在回想起来，我才意识到这个话题对她来说，其实根本就不重要。

整个秋天我们都在约会。到了年底，我鼓起勇气向朱迪求婚。1968 年 4 月 28 日，我们结婚了，这是一段旋风式的罗曼史。婚礼在距离朱迪家不远的橡树乡村俱乐部举行，什洛莫·卡莱巴赫是主持结婚仪式的两位拉比之一。什洛莫这个留着胡子的正统嬉皮士让朱迪的母亲有点不舒服，她的生活方式反映了被美国同化的犹太教的观念。

我的岳母请了莱斯特·拉宁的管弦乐队为婚礼助兴，这是上东区上流社会最受欢迎的乐队。岳母非常欣赏莱斯特·拉宁，因为他是上流社会的代表。在彩排晚宴上，我看到朱迪的母亲把伴郎们召集起来，这些人在她看来都是来自布鲁克林的"不良青年"。当然，他们是我最久最近的朋友，我很高兴能和他们在一起。相比之下，朱迪的七姑八姨们都很知书达理，颇知礼仪。

我的父亲没有朱迪的母亲那么多讲究，他对婚礼有自己的看法。在宴会上，他走到乐队指挥前面，请他们演奏一些传统的犹太婚礼音乐，显然乐队之前没有演奏过。"嘿，"父亲用低沉粗哑的声音说，"来点犹太音乐。"

指挥看着父亲，说："很抱歉，斯坦哈特先生。我们得到通知，不能演奏犹太音乐。"毫无疑问，这个通知来自朱迪的母亲。

于是，父亲当即从兜里掏出一沓现金，抽出一张100美元的钞票。"现在演奏几段犹太音乐吧。"说着把钞票递给了指挥。

指挥愣住了，不肯收钱，他也确实不会演奏犹太音乐，只好不知所措地环顾四周。这时朱迪的母亲走了过来，了解原委之后，转向我父亲，直白地说："这场婚礼由我负责，斯坦哈特先生，这里不会有犹太音乐。就这样。"父亲败下阵来。能让我的父亲放弃不是件容易的事，但是朱迪的母亲做到了。我想不出还有谁能做到这一点。

难以置信，这已经是朱迪的母亲第二次战胜我父亲了。就在婚礼的几个星期之前，父亲告诉朱迪的母亲，自己准备为宴会准备香槟。父亲这样做的原因是，他只喝一种牌子的香槟，就是唐·培里侬。只要他能买得起，就一定会买这个牌子。另外，他也觉得必须为儿子的婚礼做点什么。但这些话似乎传达了这样一个信息：父亲把朱迪的母亲当成了乡巴佬。朱迪的母亲认为这是一种侮辱。传统上，新娘的家庭要筹备婚礼，并且艾布拉姆斯家族的经济条件和社会地位，在斯克兰顿都是顶尖的。因此，父亲被严词拒绝了，他遇到了真正的对手。

结婚之后，我们搬进了我之前住的单身公寓，它位于麦迪逊大道和第五大道之间的75街。哈里那时已经结婚了，结束了我们的合租生活。两个月以后，朱迪怀孕了，我们需要更大的空间，因此我们开始看房，想买一个更大的公寓。几个月后，我们买了一套顶层的复式公寓，从房间可以看到中央公园和上西区的美景。这幢大楼位于第五大道和97街的拐角，直到今天仍然是我们的家。

1969年3月3日，我们的第一个孩子戴维出生了，那时我们的公寓还没有装修好。结婚让我的生活变得快乐，而孩子让这种快乐进一步升华。我很幸运，我取得了成功，但是如果拿我在金融行业取得的成就，和抱着戴维时的感受相比，那根本就不值一提。

我必须承认，我曾经不加掩饰地预测我们的第一个孩子会是个男孩儿。当我看到戴维的下巴上有一条我们家族特有的深纹时，我简直乐开了花。

* * *

令人高兴的是，朱迪和我的母亲从一开始就关系融洽。她们甚至联手向我发难，抱怨我的坏习惯，主要就是迟到和饭量太大。我的一生几乎一直被超重所困扰，而我也已经习以为常了。我的母亲、父亲和他们的大多数兄弟姐妹，体重都超标。当我对自己无法自律减肥而感到内疚时，我会这样安慰自己：那些父母都超重的人，90%以上也会超重。尽管如此，在意识到自己无论如何都不可能变瘦的情况下，我依然为了减肥而努力。尽管我的母亲和朱迪都尽力帮忙，但是我的减肥计划依然未能成功。

从我开始挣钱的那一刻起，我就努力改善着母亲的生活水平。在本森赫斯特生活多年以后，母亲终于在20世纪60年代末搬到了曼哈顿。母亲的新家叫维米尔，是位于第七大道和第十四大道的出租公寓。母亲在那里住了不久，我就为她买了一套布雷武特的合作式公寓，布雷武特是位于第五大道第八街和第九街之间的一栋漂亮的建筑。那里当时正在搞合作，所以我从开发商那里买下了这套公寓。这家开发商的销售代理是一个强硬的女人，她的态度是不允许讨价还价。在我的这桩买卖上，她无疑成功了。她叫利昂娜·布朗，后来嫁给了房地产商哈里·赫尔姆斯利。

对我来说，给母亲买这套公寓，不能算是对她的报答。我感受得到，她之所以生活艰辛、牺牲巨大，是因为她为我奉献了全部的心力。因此，我始终觉得，我所做的一切都无法报答她对我的爱和奉献。母亲在生活中对物质的要求不高，在很高档的地方，她会感到不自在。有一次我带母亲去一家高档餐厅吃饭，她觉得太贵了（她几乎总是这样），这顿饭几乎没有吃成。她坚持要去联合广场的 S. 克莱因商店购物，这家商店以平价著称，现在早已不存在了。后来，当我挣到足够多的钱，可以满足她的一切要求之后，她在贫困中养成的习惯却依然没有改变。但是，她也会很自豪地把她的朋友们请到新家做客。当我看到母亲对这套公寓很满意时，我也感到非常高兴。我希望能够让母亲快乐，报答她为我付出的一切。

1969 年，在我和朱迪结婚后不久，母亲遇到了一位出色温柔的男人，名叫马克·德斯金，他是福特汽车公司在新泽西州第一家工厂的元老之一。马克和母亲甜蜜地相处了一个秋天，不到一年的时间，就在 1970 年的圣诞节，他们结婚了。母亲再婚让我也感到幸福。她有了属于自己的生活，有一个能够照顾她的丈夫。我知道自己曾经是母亲生活的中心，我很高兴看到她能和另外一个人分享生活。对我来说，没有比母亲的幸福更重要的事了，而除了作为儿子之外，我不能增加她的幸福感。母亲结婚后有所改变，她把精力放在了马克身上。我现在主要是在经济方面为他们提供支持和帮助。母亲在 1941 年和父亲离婚之后，已经独自生活 30 多年了，尽管这些年来她一直积极参与社交活动，但是总体上仍是孤独的。现在，她又有了一个丈夫，一个比我父亲更负责任的丈夫。

马克是一个单纯的人，但是他心灵手巧，能修理所有的东西。他最擅长修理汽车、电器和玩具。而我在机械方面一无所知，所以后来当我的孩子们撞坏了自行车、手推车和其他玩具时，我都会请马克帮忙。马克可以把这些全都修好。孩子们非常崇拜他。马克和母亲结婚后，先在母亲位于布雷武特的公寓里住了一段时间，后来很快就搬到了佛罗里达州，他们在马盖特买了一所房子。这是上天给予母亲的一种幸福。

* * *

结婚后不久，我就发现朱迪在商业方面有与生俱来的天赋。当她说起服装店里的商品时，她的眼睛会亮起来。她还可以把这种着迷转化成有建设性的建议，比如她会告诉我，应该根据在商店中的所见所闻买入股票，这跟富达基金的彼得·林奇几乎一样。

记得有一次，她劝我买入 Gap 的股票，因为当时她不停地在 Gap 给孩子买衣服。她跟我说，这笔投资一定会大赚。她说对了，但是很遗憾，我没有买这只股票。

20 世纪 70 年代末，朱迪还说服我，美国人将对食物有更高的要求，会去选择更多的美味佳肴，美国将成为美食之国。于是朱迪决定建一个水培农场，培育一种在法国和意大利发现的稀有品种野生草莓。我们认为，如果能够向纽约常年供应这种时令草莓，将会有非常可观的利润。因此，我们前往以色列和法国进行考察，学习草莓种植和销售，特别是阿尔卑斯山草莓。

回来以后，我们资助了康涅狄格大学的一项实验，请他们进行水培野生草莓实验。但是很遗憾，实验没有达到预期。于是，我们买下了一个水培温室，这个温室是利用纽约皇后区一家公用事业单位的余热进行加热的。我们放弃了种植野生草莓的想法，改种莴苣、西红柿、西瓜和其他农产品。最后，在著名设计师米尔顿·格拉泽的帮助下，朱迪开发出了一套销售罗勒和其他香草的方法。她把自己的产品称为"活香草"，打算销售带着草根的香草。于是，香草很快成为我们的主要作物。

朱迪满怀热情，到当地的超市连锁店和餐厅，销售自己的新鲜罗勒。成绩喜人，业务增长很快。但是，利润并没有增长。另外，这个项目也耗费了朱迪大量的精力。因此，我们最终决定，还是老老实实当吃货算了。

我们家延续了传统的男女分工，朱迪承担了无数琐碎的家务。她把重心放在了养育孩子上，给孩子补充营养、换洗衣物、接送孩子上下学。我对此欣然接受。朱迪的效率远超过我。从某种意义上说，我几乎把全部的精力都投入到了事业上，在家务上我几乎帮不上忙。

尽管我非常自命不凡，但是必须承认，朱迪在识人方面远胜于我。在我的职业生涯里，我始终是一个金主的角色，因此吸引了很多的社会关系，但是真正的朋友却寥寥无几。我很容易被表象所迷惑，而朱迪却对人性拥有强大的洞察力。有很多次，我看错了人，都是朱迪帮助我纠正过来的。这些年来，朱迪凭借外向的性格和社交能力，让我们大受欢迎，甚至有点过于出名了。

纽约（也包括其他地方）的家长都会面临一个头疼的事情，那就是自己的孩子要上大学了。在我们的世界里，激烈的竞争和对自尊心的考验，是非常吓人的。我家也不能幸免，我们希望每个孩子都能被自己心仪的学校录取。但是在这个过程中，家教、SAT 考试、大学申请论文等会产生诸多焦虑，家长们都再熟悉不过了，而这种焦虑在曼哈顿上东区尤甚。幸运的是，我们的孩子做得很好。戴维被宾夕法尼亚大学录取，丹尼尔被杜克大学录取，这都是他们的第一志愿。

萨拉一直以来都是一个优秀的学生。可能因为有两个哥哥的缘故，她从小就显得早熟。萨拉提前申请了耶鲁大学，朱迪显然对此感到非常兴奋。当莎拉被录取时，朱迪高兴得溢于言表。她把这个好消息告诉了身边的每一个人，并且几乎立刻奔向了纽黑文，买了下各种印有"Yale"或者"Y"字样的衣服。我估计她买的东西可能打破了耶鲁商店的销售纪录。

正如我从股市中学到的，生活中充满了无常的变化。不久，萨拉似乎并不满意自己的选择。她觉得，虽然耶鲁大学还不错，但是大环境却很没意思，尤其是和纽约一比，因为纽约有着更多的文化和学术机会。朱迪为此很伤心，她开始担心，又要重新走一遍申请大学的程序了。于是，萨拉向我求助，也许是因为我从不拒绝她的任何请求。她补报了哥伦比亚大学，并被立刻录取，萨拉高兴极了。

然而，这还不是故事的全部。大概两年前，我面试了哈佛商学院的学生戴维·伯曼。我看中了他，考虑录用。作为面试的一部分，我邀请他到家里，和我的家人一起吃晚餐。但戴维拒绝了我的录用，他要留在洛杉矶找工作，因为自打他从南非移民之后，就一直住在洛杉矶。之后戴维一直和我保持着联系，有一天他电话告诉我他要来纽约，约我见面。朱迪、萨拉还有我，和他一起吃了早午餐。不久，他就加入了我的公司。然而，朱迪和我不知道的是，我们的女儿恋爱了。萨拉之所以选择哥伦比亚大学，根本不是因为什么文化和学术，而是因为她想离戴维近一些。我们一直都被蒙在鼓里，直到萨拉上大学一年级那一年的 12 月份，戴维请求我们同意他和萨拉结婚。听闻自己 18 岁的女儿要结婚，朱迪的脸上现出从未有过的错愕。18 个月后，他们结婚了。现在他们有了两个漂亮的儿子，雅各布和约书亚，他们的外婆早就把耶鲁的事儿给忘了。

朱迪是我成年之后的依靠，也是维系家庭的黏合剂。她经营着家庭，确保这个家能够正常运转。我必须承认，由于我无法完全摆脱业绩波动造成的坏心情，给朱迪带来了一定的麻烦。然而讽刺的是，我很差的业绩，往往是自己要求太高造成的，但我把情绪带回家里，丝毫不加掩饰。为了防止我的情绪影响全家，朱迪起了关键作用，这挺难的，因为我常常意识不到自己的坏情绪。

朱迪生性平和，和我的火暴脾气比起来，她十分稳重。朱迪很少发脾气，即使在自己的丈夫挑起争端时也是如此，这真是家庭的幸运。朱迪很少对我发脾气，始终保持镇定，我对此深表感激。千言万语一句话，和我这个当爹的相比，朱迪是一个更优秀的母亲。

她仍然在为我们每一个人安排行程，她的计划精确到具体层面。她能够轻松处理孩子们成长过程中的各种问题，而我在这方面却少有帮助。我必须承认，我从来没有收拾过自己的行李箱，朱迪有时会提醒我这一点，我当然应该被提醒。

有那么几次，人们会把朱迪和我们的女儿弄混了。朱迪确实保持着我们初识时的魅力和容貌。我们一起走过了 30 多年，朱迪一直和我品味着生活的悲欢喜乐，我们大多数时间都很幸福，对此我十分感恩。

| 第 8 章 |

逆势而动

1970年，我们的公司开始扩张。我们为境外投资者设立了一个离岸基金公司——斯坦哈特合伙国际公司南美分公司。初始资金是200万美元，后来增长到了30多亿美元。但在当时，我们所管理的资产，包含在岸资产和离岸资产，总计约3500万美元。

我们在比弗街的办公室太小了，没法建立一个交易室，然而我们也不需要交易室，因为我们主要侧重研究工作。不过，我们还是想方设法在办公室里塞下了一张台球桌，以便在股市收盘后打打台球，有时会打到天黑。我们往往一边讨论当天的市场，一边释放紧张的情绪。每次有经纪公司的分析师来交流业务时，我们都会请他们打台球，在打球的过程中能够建立友谊，从而更加坦诚地交流。有意思的是，人们打台球的方式，和他们投资交易的方式是一样的。杰瑞动作标准，直接而准确。霍华德技术高超，十分靠谱。我之前没打过台球，略显僵硬，但是我学着如何适应，通过重视防守，进而赢得胜利。

另一种缓解情绪的方式是玩"说谎者的扑克",这是一种利用美元钞票编号进行赌博的游戏。有报道说在20世纪80年代末期,华尔街大佬们为这个游戏一掷千金。而我们不一样,如果我们中的某个人输了10美元或者20美元,那就足够点儿背了。跟股票交易一样,这个游戏需要判断力、勇气和演员般的虚张声势。

大约在这个时期,我们雇用了弗兰克·奇卢福,我们称他为托尼。他曾在亚瑟·利珀公司工作,是投资人海外服务机构(IOS)的主要经纪人。IOS是投资其他共同基金的共同基金组织。这家"基金中的基金"是由臭名昭著的伯尼·科恩费尔德创立的,他曾向他的潜在客户提出过一个问题:"你真心想发财吗?"科恩费尔德在整个20世纪60年代都非常成功,直到IOS被证明是个骗局,这让他的投资人一夜回到了解放前。

托尼每天至少抽三包烟。他异常敏感,对交易有着近乎宗教般的虔诚。他很瘦,并且个性十足。比如,只要我们交易赚了钱,他就会吃同样的午饭不变。有很长一段时间,他总是吃一种很特别的套餐,里面有奶油干酪和橄榄三明治,一吃就是几个星期。如果我们交易亏了钱,他就会换菜谱,换成花生酱和香蕉面包,或者是其他食物。在业务特别赚钱的时候,他会点两份相同的午饭。尽管我们一直战绩颇佳,但是托尼消费最多的依然是香烟和咖啡。

在我认识的人里,托尼是最敢于在极端行情下预测行情的人。对于一只80美元的股票,他会带着信仰告诉你,一年之内,这只股票会跌回10美元。他似乎对这种激进的观点很着迷,也不会去做过多的解释。在玩说谎者的扑克时,他喜欢冒险,会虚张声势地下注,镇住所有人,也带来了无尽的挑战。托尼经常会赢得令人尊敬,他在公司里扮演了重要角色。我们还聘请了分析师奥斯卡·谢弗和戴维·罗克，他们对公司做出了重要贡献，但那都是传统意义上的贡献。

* * *

1970年股市大崩盘，"抢钱"的日子结束了，我们的对冲基金赢得了"独行侠"的诨号。当时，20世纪60年代末的"垃圾股"和高杠杆投资者都被消灭了。我们曾经持有过很多消息股，并且靠这些股票赚了大钱，那时我们是多头，现在我们开始做空这些股票。

做空是赌股票会下跌，这需要从经纪人那里借入自己没有持仓的股票，并且卖出。我们和很多上市公司的管理层都很熟，有些关系还很好，但现在却要调转枪头做空他们的股票，对我们来说需要做一下心理调整。这有点像在自己的主场反对自己的球队，就像我父亲在巨人队主场支持到访的红人队一样。在这种情况下，情感、忠诚和信誉都成了棘手的难题。当那些曾经把你当成自己人的管理层知道你要做空他们的公司时，他们会待你如仇人。不用说，这时候无论是关系还是信息来源，都会被通通斩断。

自公司成立以来，我们开始第一次净做空，也就是说，我们做空的证券价值大于做多的证券价值，这在当时的资产管理行业可以说是前无古人的。我们做空了国家收款机（National Cash Register）、梅莫雷克斯（Memorex）、英特尔和大学计算（University Computing）的股票，这些股票的股价通常都高于100美元，也有一些股价低于10美元的股票。虽然我们相信，有些公司正处于技术突破的过程中，但我们只考虑估值是否过高的问题。有太多股票的市盈率偏高，整个市场过于乐观了。而有一些公司，比如四季疗养院（Four Seasons Nursing Homes），根本就是个骗子。

在此期间，许多对冲基金公司的表现一般，它们认为做空华而不实，或者曾被做空标的股价暴涨所伤，亦可能依旧沉浸在过去的大好行情里。我们继续积极做空，这样做的收益，超出了对冲多头一侧的损失。

卡罗尔·卢米斯在《财富》杂志上列出了排名前30位的对冲基金，并且讨论了大部分基金正在经历困难时期的话题（一些大型基金缩水70%）。我们是名单上面唯一一家活到10年之后的对冲基金。同时，投资者很快就对对冲基金这种新兴投资工具感到不安，陆续赎回了大量资金。当然了，我们在这一时期取得的业绩，远远比不上"漂亮50"年代的投资回报。

"漂亮50"是20世纪70年代早期的明星股，它们是摩根担保（Morgan Guaranty）、银行家信托（Bankers Trust）、美国信托（U.S. Trust）这些老牌投资机构的明星基金经理的最爱。投资者认为，这些公司有着优秀的成长前景，是"一次性决策"（one-decision）公司，比如雅芳、施乐、宝丽来和麦当劳这样的公司，可以不看价格，闭着眼睛买。

在这个时期，人们相信自己能够预测股市和经济的长期走势，这反映了当时的乐观情绪。那时，经常会有研报撰写20到30年后的收益预测，特别是对于那些"一次性决策"公司。这让市场进一步接受了更高的市盈率。每一个时代都有自己的投资主题，当时的投资主题就是相信成长不受估值的约束，并且能够获得比传统标准更高的投资回报。

我不会长期持有"漂亮50"的股票,即使我相信它们的增长前景,我也不愿意为过高的市盈率买单。对我们来说,除非能够切实看到长期收益和市盈率同步增长,否则一只股票就不值得投资。此外,我们对于"漂亮50"的股票从来就没有像机构基金经理那种宗教般的虔诚,他们相信投资者可以永远持有高成长公司的股票。我们知道投资没有神话,我们会对别人眼中的宝贝公司保持质疑。实际上,我从来不认为某一只股票或者某一种投资方法能持续有效,尤其在当时极端估值的情况下。如果"漂亮50"的上涨趋势能够结束的话,走势一定会非常惨烈。我们希望的是从中获利,而非亏损。

我记得在1972年秋天,道琼斯指数首次站上1000点,"漂亮50"是领涨股。我们的净多头占50%。虽然我们看多,但是资产配置仍然有些保守。几个月之后,当指数见顶时,我们已经卖掉大部分多头仓位,再次净做空。

做空股票有一个原则,必须在"跳涨"时卖空,也就是说,要以高于现价的价格卖空。这是为了保证在市场大跌时,能够保持稳定。这就需要在市场上仍有大量多头时下空单。因此,要开空单的话,有时候需要提前下手。这就意味着,在赚钱之前,你要忍受一段时间的痛苦。1972年整个财年,我们的业绩都不好。

这一时期,公司内部出现了很大的压力。我们是在做空美国"最优秀"的公司,想想都有点后怕。柯达、通用电气、强生、可口可乐、麦当劳都被我们做空了。这些公司成长性良好,具有竞争优势，管理出色，声誉良好，这些都是长期投资者所看重的优势。而我们做空只看重一个重要的因素：价格。我承认，经典的做空不会只以价格为决定因素。教科书上的做空，需要寻找到基本面恶化、竞争格局变差、股息降低和杠杆过度等因素（和机构最喜欢的公司反着来就对了）。我们有本事预测这种估值偏高的现象何时结束吗？估值多高才算高呢？在某种意义上，我们的做法违背了大多数的投资逻辑。

我们会买入一只价值股，比如沃那多这样的二级零售商，我们以 8 倍市盈率买入，然后坐看它跌到 6 倍市盈率。同时，我们做空一家"漂亮 50"里的零售商，比如西尔斯·罗巴克，卖空价格为 30 倍市盈率，然后坐看它涨到 40 倍市盈率。因此，我们会两头亏损。但是，在经历了无数个不眠之夜和激烈的内部争论之后，我们还是坚持了原来的做法。在这中间，托尼顶住了压力，坚定不移，起到了关键性的作用。

彼时做空"漂亮 50"，绝对是逆势而动，这种做法必然令人不悦。这个时候，需要勇气和忍耐，把困难时期熬过去。

到了 1973 年，"漂亮 50"终于开始下跌了，这个时候再去寻找"跳涨"的做空价位已经太晚了。市场虽不像 1929 年那样恐慌，但是依然走入了慢慢熊途。市场不断阴跌、持续走低。经纪人们会打电话给我们，因为他们在交易大量的股票。他们知道我们在做空，希望我们买回股票平仓。但我们拒绝了，继续持有空头头寸，耐心等待更低的价格出现。在这段时间里，从我们身上赚走大笔佣金的经纪人们也开始羡慕我们了，因为全市场都在亏损，只有我们在赚钱。人们甚至开始质疑，这种做空是境外势力的恶意操纵。而上市公司的管理层则不停地抱怨做空者打压股价。

1973年，道琼斯指数平盘收盘，我们盈利约15%。1974年的财年，大盘下跌38%，我们盈利34%。多数"明星"基金经理亏了大概50%，可即使这样，也比很多"明星"对冲基金强多了，他们有些人甚至亏了80%～90%。我们被人说成是贪婪和傲慢。但是，没有什么比能为投资人在别人都亏损的时候赚到钱，更让人感到满足的了。对我来说，这就是高度的职业成就感。

从绝对意义上讲，在长周期交易中，在下跌时做空的盈利，永远赶不上在大行情下做多的盈利，原因有二：第一，做空的最大收益率就是100%。大多数卖空者的心态是只能接受适中的收益率。此外，无论空头仓位持有多久，收益都会被归为短期收益而被征税。

尽管如此，没有什么能比在灾难降临时保住自己的本金，更让人感到高兴了。

1974年12月，道琼斯指数在577点触底，此时道琼斯指数已经从1973年1月的1000点高点下跌了近50%。然而，指数并不能反映整个市场的惨烈程度。那时，熊市当道，人们不敢持有股票。但是，由于我们在这次崩盘中取得了良好收益，我们相信市场已经悲观到形成底部的时候了。就像狂欢是市场的顶部一样，恐惧无疑是市场的底部。在我见过的这么多轮周期当中，极端情绪总是周而复始地出现，即便是专业投资者也一样。当全世界都只想着买国债时，你就可以闭上眼睛买股票做多了。

到了1974年底，我们将过去两年的收益进行了变现，并且完美地在市场底部完成了抄底。托尼再次贡献了自己的天赋，他再次给出精准判断。这个时期,他好像开了天眼。

在一个月的时间里,我们把净风险敞口从负的55%调至正的35%,由空翻多,如果能更迅速地找到更具吸引力的股票,就进一步做多。我们几乎随机买了一大批股价低于10美元的股票,很多著名的投资机构都在这些股票上面栽了跟头。时机已到,我们来不及做细致的股票调研了,就是尽快把钱投出去。可不管我们买的是什么股票,这些股票的价格都是账面价值的75%～80%,市盈率在7倍左右。我们持有了豪生、萨帕塔(Zapata)、巴斯工业(Bath Industries)、郊区丙烷(Suburban Propane)和纯果乐等股票。低点买入,再像往常一样高点卖出,那一年我们盈利66%。

* * *

在这段时间里,我开始有意识地强调逆向观点的重要性。我把逆向观点定义为,有事实依据且与市场共识不同的看法。我经常说,唯一重要的分析工具,是高水平的逆向观点。这需要掌握更多的信息、更深入地感知时局,同样重要的是,要敏锐地掌握市场的真实预期。当一个逆向观点正确时,这个观点就会在成为共识的过程中,带来丰厚的利润。了解市场预期至少和了解基本面一样重要,这两者是不同的。我们在20世纪70年代采取了与市场共识完全不同的做法,表现颇佳。我们在接近顶部的狂热中做空,在接近底部的悲观中做多。

逆向观点可以被看作是一种反向交易。通过深入分析逆向观点和"底部钓鱼"的本质区别,才能确立自己的交易观点。如果能在大众观点改变之前,提前做出预判,就有机会取得不俗的投资业绩。一旦这些投资被证明是正确的,将加速改变大众的观点,进而导致股价重估。这简直是如涅槃般的畅快。

* * *

当然,即便在顺风顺水的时候,我们的工作也并非十全十美。由于投资需要依据不完整甚至不精确的数据进行决策,我们也曾经有几次走到了灾难的边缘。

1973年3月,所罗门兄弟公司的杰伊·佩里来电,兜售一大笔产权基金公司(Equity Funding)的股票(40万股),我们自认为对这只股票的情况了然于胸。对它感兴趣的部分原因在于,我们看好寿险市场。托尼看了看走势图说:"如果没有硬伤,这个价位值得买进。"

这只股票当时的价格是18美元,处于10年来的低位。此外,公司管理层公开表示,股价下跌并非经营情况所致。当股价跌到17.5美元时,我们买进了10万股。

在这笔交易完成之后,又有一位经纪人向我们兜售这只股票,再之后,可转债也来了。我们开始感觉不妙了。《华尔街日报》专栏"华尔街传闻"的专栏作者丹·多尔夫曼打电话问我,是否参与了第一批股票的交易。我说是,并且我们买了一大笔。他沉默半晌,神秘地说:"迈克,不是所有的美女都像看上去那么美。"

过了不久,这只股票停牌了。第二天,丑闻曝光。原来,华尔街有名的保险分析师雷·德克斯从这家公司一位满腹牢骚的前雇员那里得知，这家公司伪造了上千份保单，并以现金交易的形式把假保单卖给了其他大型寿险公司。这条内幕消息足够重磅。但是，雷没有向证券交易委员会报告，而是转而告诉了自己熟悉的机构客户，从而让这些客户抛售该股。令人震惊的是，公司内部都知道这种欺诈的操作，但是他们骗过了华尔街和审计部门。

两周后，该股复牌，开盘价是 6 美元。这就是个骗子公司。公司创始人斯坦利·戈德布卢姆被判欺诈罪入狱，但是按照华尔街的惯例，分析师德克斯也被牵连进来。虽然他认为自己行事谨慎，但是证券交易委员会认定他通过内幕消息获利。最终法院判他无罪，但是这一丑闻一直萦绕在华尔街上空。

这不是我们第一次这么高调地投资一家骗子公司了，但这是我们第一次从有信息优势的大卖方手里接股票。从哲学层面说，内幕消息有多种形式，在法律上的复杂性也不断发展。这次骗局让我们自责了好几个月。

还有几次，我的直觉差点让我们惹上麻烦。1975 年末，在市场上连续三年踏准节奏之后，我们过早地看空了。我们的净空头比以前都要多，随着市场持续走强，我们的业绩大受影响。

同时，我们也在和全世界对抗，因为我们做空了全世界"最好"的公司。每天都在打仗，我们拼命做多以挽回空头的损失，但是远远不够。我们持有的多头头寸中有一部分史蒂倍克-沃辛顿（以下简称史蒂倍克），持有了一年多，对这家公司我在勒布-罗兹上班时就很熟悉了。

和其他企业集团一样，为了"股东价值最大化"和筹资，史蒂倍克持股的多家公司都上市了。我们持有这些下属公司的少量股票，包

括克拉克 – 格雷夫利（Clark-Gravely）和特宝丹（Turbodyne）。我们还持有科学石油处理公司（STP）的大量股票，这家公司制造汽车机油添加剂。1976 年 1 月中旬的某一天，我们急切地增加净空头敞口，但不想在空头一侧增加股票。我发现了一个机会，能够以一个很好的价格卖出 STP 的股票，于是就把这一大笔股票卖给了一个买家。

那天晚上，我参加了一个为参议员泰德·肯尼迪举办的鸡尾酒会。那时，我在政治上已经左倾，对民主党抱有适度的热情。我环顾了一下，看到了的首席执行官德拉尔德·鲁滕伯格，我走过去和他打招呼，他一看到我就问我是不是卖了大宗的 STP 股票。我尴尬地说是。

他盯着我的眼睛，好像有话要说，但是吸了口气，"嗯"了一声之后，转身走了。

那天晚上，我一直在琢磨他的"嗯"是什么意思，有什么含义吗？我的直觉告诉我，这背后一定有事儿。

第二天股市一开盘，我就下了多单，买入史蒂倍克旗下六家上市公司的股票，其中包括 STP。因为很多公司的成交量很小，我们买不了太多。然后，中午出了公告，我在上午买入的这些股票同时停牌。

我立刻意识到，昨天卖错了，而今天上午买回的这点股票数量太少，根本不管用。当天晚上，史蒂倍克宣布，溢价回购下属五家子公司全部流通股。我都懵了，但是市场就是这样，更糟的还在后面。

没过几天，我就收到了证券交易委员会的传票，事关当天购买史蒂倍克下属子公司股票的事情。显然，证券交易委员会认为我涉嫌内幕交易。一个月以后，我到会接受质询。他们问我，我是否因为一个"嗯"就下了多单。

我回答："当然是这样，直觉经常决定一切。"

他们难以接受我的答案，但是最后他们应该还是相信了我，因为自那以后，他们再也没有联系过我。

| 第 9 章 |

离开与回归

在20世纪70年代，我们家尽是喜事。1971年6月6日，朱迪生下了我们的第二个儿子丹尼尔，这孩子长得很漂亮，给我带来了巨大的喜悦。他很有运动天赋，也是家里最有幽默感的成员。1975年2月10日，我的女儿萨拉出生了，她是一个长着雀斑的金发女孩，长大后十分喜欢小动物。虽然我在市场上的战绩颇佳，但是在其他方面，我都比不上我最关心的三个孩子：戴维、丹尼尔和萨拉。

1976年，杰罗尔德·法恩决定在康涅狄格州的韦斯特波特创办自己的公司——宪章橡树合伙公司。他走后，霍华德·伯科威茨和我把公司改名为斯坦哈特-伯科威茨公司，也是在这个时候，我们把办公室搬到了市中心公园大道90号。理论上，我现在可以走路上班了。

到1978年，我已经工作十多年了。这些年来，我挣到的钱远远超出了我的想象。我的净资产超过700万美元，放在今天似乎不算什么，但在当时已经足够了（"百万富翁"什么时候没人提了？）到了1978年，我已经不需要再为了谋生而工作了。我可以用我的700万美元进行投资，然后靠着投资收益生活。事后看来，今天的我并不喜欢这个决定，但在当时，这个想法对我很有吸引力。

人在成功的时候会加强自省，因为这时的反思反而令人愉悦。到了1978年，我觉得已经在投资生涯中实现了自己的目标。对我来说，已经没有什么更多的挑战了。

也许是因为我是在一个自由平等的环境中长大的，我能够俯瞰不同职业的价值。当医生要比当会计更有价值。我心目中的英雄应该是阿尔贝特·施韦泽博士、阿尔伯特·爱因斯坦和戴维·本·古里安这样的人，他们本人并不富有，但是他们让世界更加丰富。我帮助富人（当然也包括我自己）变得更加富有，这当然不是什么罪过，但也并不高尚。我曾经收到一张投资者寄给我的照片，照片上是一艘游艇，上面写着："这是我们一起赚钱买的。"这就是为他人做嫁衣了，但是我并不满意。

我从十几岁开始，就全神贯注在股市上了，我怀疑自己是否有同样的能力去做其他事情。现实当中没有案例可以参考。我所认识的华尔街成功人士，全都在为自己不再需要的那些额外的财富而继续工作。至于为什么会这样，答案大多都是空洞的，比如"因为我喜欢这个游戏""这是我唯一会做的事情"，或者"这会让我觉得活着还有价值"之类的。大多数成功人士到晚年还在继续工作，很多人被动地成为慈善家。虽然我不知道自己到底要追求什么，但是我知道，我需要做一些不一样的事情。

除了不满足之外，我的身体状况欠佳也是一个原因。我会不停地抽烟，特别是在交易日，那种紧张让我不得不靠抽烟缓解压力。我还超重，体重超过了220磅。我几乎尝试了国内外的所有方法去减肥，包括节食、吃药、秘方、看医生、找营养师和做 SPA，但都没有效果。我还尝试过催眠，也试过针灸。有一次，我甚至在胃里放了气球。我工作太辛苦了，没有时间去运动。我几乎每天都在交易台上吃午饭，这肯定不利于休息。为什么要浪费一个小时的时间去健身房或者到外面去吃午饭呢？这样可能会丢掉当天的交易节奏。由于我把每一天都当成是赚钱的机会，因此高强度的交易压力，以及难免的盈亏交替，都让我感到筋疲力尽，所有这些都有损于我的健康。

我花了大量精力试图理解自己的超重问题。多年以来，在业绩不好的时候，每当我离开公司，都会忍不住去吃坚果。我让司机载我到 86 街和第三大道拐角，到那里的零食商店里买澳大利亚的坚果、腰果、去壳的开心果和山核桃。吃完之后，我的焦虑程度会明显下降，之后心态变得平和。坚果对我来说就像鸦片。我上瘾了吗？可能是的。不管怎样，坚果对我有效，我需要吃大量坚果，哪怕这会让我的腰围变粗。

我的生活固定不变，每天在家和办公室之间两点一线。虽然每一笔投资都是独一无二的，会让人高度兴奋，但是投资的过程却是一样的。

我没有被这样的生活"榨干"，但是我确实心生厌倦。我的生活需要做出一些改变。因此，我在 38 岁的时候做了一个大胆的决定，在从业 15 年之后离开华尔街。1979 年 9 月 30 日，在财年结束时，我就打算离开公司，一走了之，从此两宽。

此时我的心中，既紧张，又兴奋。我去找我的搭档霍华德·伯科威茨，告诉他我的决定，我们两个人就彼此的未来进行了长时间的探讨。几天后，伯科威茨告诉我，有一个对大家都好的建议，那就是把我的决定看成是休假一年，而不是退休。这样一来，公司可以继续运营，也能让我有时间去尝试新的生活方式，还可以在未来选择重新回归。当然，我要同意未来霍华德也有这样选择的机会。这个建议很有道理，我选择接受。

我没有赎回在公司的个人资产，因为我相信，即使我不在，公司也能运转良好。我的最佳投资标的就是斯坦哈特-伯科威茨公司，到目前为止，我们的业绩超过任何一家同业。在9月的最后一天，当我离开办公室时，我没有想过自己会回来。事实上，我已经很轻松地把全部精力转向别处，股票市场已经被我抛在脑后了。

* * *

迈入新生活后，我尝试了各种选择。第一个是政治，当时恰逢吉米·卡特领导的白宫给了我分管一个研究委员会的机会，负责牵头研究在美国建立跨州银行的可行性。美国大多数银行都只能在一个州开展业务，结果导致大量小银行不具备国际竞争力。从本质上讲，这个委员会的职责是论证建立跨州银行的可行性，帮助美国的银行更好地在全球市场中参与竞争。为此我去了华盛顿拜访奥林·克莱默（一位白宫官员，后来成为基金管理人），我努力让自己投入这个项目，但是没有成功。

其间也有其他机会。几年前，应纽约城市审计员哈里森·戈尔丁的邀请，我成为纽约市市政顾问委员会的委员。在我离开斯坦哈特-伯科威茨公司之后，这位审计员询问我是否有意管理纽约的养老基金，当时这笔钱有 100 多亿美元。纽约的财政情况岌岌可危，勉强保持着不破产的状态。一想到我的投资能力可能会让我所深爱的城市受益，我就感到十分激动。事实上，如果我能增加 1 个百分点的回报，就能增加 1 亿美元的投资收益，以提高教师的工资水平，或者把钱用到资金匮乏的相关领域。在了解了这笔钱的投资限制，并且了解了受益者主要是公务员之后，我意识到，自己不应该再帮助别人管钱了。

我拒绝这些工作后，更加坚定了自己的信念，不再参与和投资有关的事情。有那么一段时间，我特意切断了自己和金融行业的联系，不再看《华尔街日报》，不再跟踪市场，甚至断了和斯坦哈特-伯科威茨公司的往来。有意思的是，尽管我热爱股市、热爱我的公司，但是我并没有怀念之前在市场当中拼搏的日子，这让我感到很吃惊。

* * *

现在，我有了充足的时间，去做之前想做的事情。首先，我在韦斯特切斯特县的小镇贝德福德待了很长一段时间。我和朱迪在那里租了差不多十年房子，终于决定买下一处，我们都喜欢这个地方，宁静而有田园气息，距离纽约不远，交通方便。

我们在 1978 年买下了属于我们的房子，占地 16 英亩[一]，同时又很幸运地买下了周边 52 英亩的土地。这里的水很迷人：房子后面有一条小溪，土地上有一条小河流入克罗顿湖水库。我一直都对水着迷，我喜欢沿着小河散步，哪怕只是看看也很满足。

[一] 1 英亩 = 4046.856 422 4 平方米。

有六个学员的瑜伽班，是唯一的男学员。我还上了钢琴课，学会了弹奏《精灵进行曲》。很多个上午，我会在 8 点到 10 点期间，和一位克罗地亚人学习打网球，后来我们成了朋友。我们经常开车去皇后区，在那里的球场打球。我喜欢网球，但我常说，如果投入相同的时间、精力和金钱，没人会学得比我更慢。我的网球水平一直都徘徊于中低水准。我也开始尝试慢跑，但是很快就放弃了，这项运动完全不适合我。

我每周学习一次希伯来圣经《托拉》，指导我学习的拉比是什洛莫·卡莱巴赫的孪生兄弟伊莱，他是一个非常幽默的人。这是我为了适应自己的宗教所做出的诸多努力之一。我发现，很多课程都具有启发性，但是也有很多故事像是民俗传说，比如把打喷嚏和道德联系在一起。不同民族之间的圣经差异巨大，总之，我不相信这些东西。

1979 年初，我和朱迪去过几次以色列。当时就认为，帮助犹太人的最好方式是直接在以色列进行投资。具体来说，我认为，如果要加强以色列犹太人和海外犹太人之间的联系，就需要海外犹太人在以色列进行投资，这些投资要建立在良好的商业和盈利潜力之上。到那时，以色列将不再依赖援助，而是依靠产业就能生存。基于这种考虑，我和以色列商人勒于·魏塞尔进行了合作。我们在开发区建设了小型工业园区，开发区包括水牛城、纳提罗特（Natirot）、施德罗特（Schderot）和奥法基姆等位于以色列南部边界的具有战略意义的城镇。

这些相对较小的城镇大多居住着来自北非的新移民，这是犹太复国运动的结果。我们建造的工业园区吸引了制造企业，包括装瓶厂和塑料厂，这些都是海外犹太人投资的，算是为以色列的未来做了点微薄的铺垫。每当我去这些城镇的时候，都会感到非常兴奋。我认为这些投资是犹太人所能做的最崇高的事情。

如果我继续投资下去，肯定能赚到钱，但是勒于和我的商业风格不同，所以我最终退出了。虽然我没有赚钱，但从更深层的意义上说，这次尝试非常值得。

在此期间，我遇到了西蒙·托普尔，最终我们成了合伙人，他成为我在以色列投资的向导。后续投资都取得了成功，这主要得益于西蒙打消了我很多不切实际的想法。

* * *

我的所有活动（包括有时没有安排的空闲日子）让我在1978～1979年初感到心满意足。但是随着日子不断过去，我慢慢地意识到自己并不想永远地离开金融市场，我甚至有点开始怀念股市了。我的大多数朋友和同事都惊讶于我能够如此长时间地远离华尔街，他们原以为我会很快回归，但是我没有。然而我发现，没有任何事情比股市更有诱惑力了。我只能得出结论：我就是为股市而生的！

1979年10月1日，也就是新财年的第一天，我重返工作岗位。离开的这一年让我明白，我没法一直闲下去。事实上，我也不确定自己是否喜欢躺在沙滩上休息或者待在船上晃悠的感觉。只要我还没有实现自己的人生目标，这些休闲都是可有可无的。我还意识到，虽然做一名基金经理并不能达到我"垂直价值体系"的顶点，但是这可以使我实现其他目标成为可能。我得到了充分的休息，并在宗教、文化和情感三个方面都变得更加完整。我的生命中又有了新的目标。

在我离开的这段时间里，公司的业绩很好。我之前把钱都留在公司继续投资，赚到了这一年的投资收益。当然，我也拿到了作为普通合伙人的部分报酬。在我回归之前的几周里，特别是当我确定要回归之后，公司的人事发生了很大的变动。有人想留，有人想走。而最大的变化是，我的合伙人霍华德·伯科威茨决定成立自己的对冲基金。在我回归的当天，霍华德离开了公司，成立了 HPB 合伙公司，而我的公司则更名为斯坦哈特合伙公司。

重回交易领域之后，我发现投资行业出现了一些好的转变。回归的第一天，由于已经一年没有做过业务了，我对自己是否能够继续驰骋金融市场多少有点顾虑。但是当我接了两三个经纪公司的电话之后，我感觉自己好像从未离开。我意识到，我在离开的一年里，找不到能比交易更让我如鱼得水的事情了。不管是因为赌博的刺激，还是因为业绩导向的目标，能再次交易都让我非常兴奋。我又回来了，我意识到自己是多么怀念这样的挑战！现在我可以下个定论了：这就是我一生的事业。

总的来说，我在"休假"期间的收获都是短期的。当我重新工作以后，我感到应该有新的目标：建立一个和以前的基金都不一样，并且规模更大的对冲基金。我已经通过当前这只规模较小的基金取得了很好的业绩，我希望用更大的资金取得同样的成功。对冲基金行业有一个亘古不变的真理，那就是所谓的规模不经济效应（规模越大，获得好业绩越难）。当管理人的资金超过了自身的能力范围时，创造优秀业绩的能力通常就会开始下降。

因此，投资者应该把钱投给那些不单纯追求规模增长，并且不按资产比例收费，而是按超额收益收费的基金。我们第一年开业的时候，几乎没有做过营销。基金规模的增长主要靠内部业绩的积累。当我们回首 20 世纪 70 年代 30% 以上的年化增长率时，我们认为一个很大的优势在于，我们的基金规模适中。我们真的很庆幸，当初拒绝了很多大笔的新资金。

* * *

回归之后，我的首要任务就是对外募资。我很欣慰我们可以在不牺牲业绩的前提下扩大规模，同时我也要用一个新的令人兴奋的挑战来证明我的回归。近期，对私募投资机构的监管规则有所变化，允许受托人扩大投资范围。这对私募管理人来说至关重要。我们和律师保罗·罗思密切合作，把这件事情落实。

我请约翰·莱文（我的合伙人当中最有战略思维的一位）牵头进行对外募资。我们的目标是募集 1000 万美元，这对当时我们的 6000 万美元规模是一个很大的补充。最开始，大家都觉得这看上去有点难以实现。我记得约翰曾经发出过质疑："究竟会有哪些机构愿意把钱委托给我们去投资呢？"大多数机构，包括捐赠基金和基金会，都没听说过对冲基金，当得知我们使用杠杆并且进行卖空时，它们疑虑重重。尽管如此，我还是相信我们是有机会的。

我们最初的努力导致了公司合伙人之间的一些内部争论。有人认为，募集资金会牵扯很大精力，因为我们要花很多时间去营销。而当时，我们仅有过的营销活动是 1970 年成立海外基金时，几次前往加拿大和欧洲。很多时候，投资者是循着我们的口碑找到我们的。事实上，由于法律和合伙关系的原因，我们在吸收新投资者的资金方面，存在很多限制。

约翰在营销过程中得到的投资人的反馈，让我感到既困惑又好笑。能用一种在牛市和熊市当中都赚钱的工具，来对冲整个市场风险，这难道不是一种更为保守的投资策略吗？1973～1974年，我们不是在老牌基金崩溃的时候证明了自己吗？难道收益已经疯狂到脱离市场规律的时候，不正是一个卖点吗？

第一个做出积极回应的是拉里·蒂施，他是斯坦哈特合伙公司的原始投资者之一。拉里一直是一位独立的思想家，他对价值有着天生的敏感。而更重要的是，他是我的朋友。他同意把他控制的两家公司——洛斯公司和罗瑞拉德公司的部分养老基金交给我们运作。

此外，作为纽约大学董事会主席，拉里还同意把该校的部分捐赠基金委托给我们投资运作。但是，拉里的条件是不做单一投资者。鉴于此，我们继续努力募集外部资金。最后，在拉里的支持之下，我们成立了1200万美元的机构合伙公司。我们完成了既定的规模目标，但是并没有如期从捐赠基金那里获得投资。

有一天，约翰·莱文在《华尔街日报》上读到一篇文章，介绍了一个成立于20世纪70年代初、名为共同基金的机构，专门为学校管理捐赠基金。文中提到了一位帮助共同基金进行资金运作的基金经理乔·麦克内，他是约翰的朋友，在波士顿埃塞克斯投资公司工作。约翰打电话给他，请他帮忙引荐一下共同基金的总裁乔治·基恩。乔深知共同基金的投资风格，他告诉约翰："这根本不可能，乔治·基恩永远不会做这样的事。"

约翰说："好吧，乔。那我能不能给乔治打个电话，告诉他这是一个连你都不想讨论的荒谬想法？"

乔说:"我没意见。"

于是,约翰给乔治·基恩打了个电话。也不知为何,乔治对这项原本应该"否定"的投资表现出了兴趣。他同意和约翰见面,最终也和我见了面。也许是我们的想法和身形都很相似,我们简直是天作之合。乔治让我给他们的董事会做一次路演,这对我来说是一次全新的经历。由于一位董事的大力支持,共同基金同意投资,这位董事就是所罗门兄弟公司的合伙人罗伯特·所罗门。我们终于拿到了期待已久的投资批复。

很快,我们吸引到了一大批蓝筹股投资者:世界银行、卡内基公司、耶鲁大学、杜克大学、明尼苏达大学等。两年内,基金规模达到了1亿美元,最终超过了10亿美元。现如今,捐赠奖金和基金会把钱委托给对冲基金已经是一种常规操作了,但是在当时,这是一个里程碑式的经历。

* * *

管理机构资金,不可避免地要做一件事——和委托人的投资委员会成员进行周旋,因为我们有义务向他们汇报投资进展。这是我最不喜欢做的事,我很不喜欢这样的路演,但是只能硬着头皮上。记得有一次我和耶鲁大学投资委员会一起开会,幸好会议是在纽约而不是在纽黑文举行。会议在一家著名的律师事务所里进行,我身边坐满了优秀的托管人。

截至那时,我是耶鲁大学最成功的基金管理人,他们对我的业绩非常满意。和往常一样,我在路演时把重点放在宏观经济方面。对于我所观察到的世界上的不确定性，我会从哲学的高度进行阐述。例如，宏观经济能否持续以当前的速度增长？20 世纪 80 年代的财富能否支撑起这个国家？人们对于物质的狂热会影响到美国对全世界的领导地位吗？我提出一系列问题，并且一一作答。

我感到耶鲁大学的投资委员会对路演很认可，尽管路演大大超过了原定的 30 分钟时间。路演结束之后，我感受到了对方的欣赏之情。我带着满足感离开了会议室。后来我听说，在我离开后，时任耶鲁大学校长巴特·贾马蒂对大家说："我还真不知道我们请到了哈姆雷特来管理我们的资金。"

| 第 10 章 |

动物展和电影

在我的全部财产中，唯一被我倾注感情的是我在贝德福德的家。在这里，我第一次接触并爱上了园艺。我们买下这座房产，部分原因就在于房主种下的各类果树、浆果和葡萄藤。我很快对种植浆果产生了浓厚的兴趣，并且开始种植所有能找到的各类浆果。我们种植了红色、紫色、金色和黑色的覆盆子，各种甜度的草莓、蓝莓、桑葚、黑莓，还有黑色、白色和红色的醋栗。只要是植物名录上面有的，我们通通种下去。朱迪、我母亲、孩子们还有我，也开始自己做果酱。由于我深受超重的困扰，我们不会往果酱里面放很多糖。我想我们现在应该还存有一些 1980 年做的果酱，当然它们的品质可不会随着年份增加而变好。

不久之后，我们补栽了一些欧洲葡萄，这种葡萄是商业葡萄酒行业中的主导品种。为此我们购置了储藏器、压榨机和相关物料，建了一个小型酿酒厂。为了孩子，我们甚至请了好朋友的女儿来设计漂亮的瓶签。我常说，我们的葡萄酒至少在一个方面可以和罗斯柴尔德葡萄酒相媲美，那就是制造成本都很高。另外，我们不会拿葡萄酒去参与评奖。最终，我们放弃了葡萄酒的生产，转而种植无籽葡萄。购置的酿酒设备被用于半年举办一次的苹果酒会，我们用自己种植的苹果和梨酿制了数百加仑①的美味果酒。

种植水果对我来说，是一种贯穿整年的乐趣。春季赏花，夏季观果，秋季品果，这些对于来自布鲁克林的孩子来说，本身就是快乐。我种了大约120棵树，有七八十个品种。水果的味道有酸有甜，颜色五颜六色。对我来说，品尝这些水果就像品酒。没过多久，我就可以闭着眼睛，单凭气味、大小和形状分辨出不同的水果了。我喜欢在果园里漫步，欣赏由绿到黄的果实颜色，掂量一下各种水果的分量。

在众多花园里，我不断尝试种植新的植物，这让我非常快乐。当我专注于某一种特定植物时，我甚至会有点忘乎所以。有一年，我买了500多株萱草；我还一度迷上了黄色的木兰花，现在我拥有20多个品种。和选股类似，我喜欢冒险买进那些略微耐寒的植物，因此我们种了大量的山茶花、猪笼草和还有一些来自西北部的纤弱的常绿植物，它们也就不得不在纽约过冬了。另外我们还成功地种植了仙人掌、杏树、白桃树和梅花。我发现在生活里，没有什么能比获得跟植物有关的新知识更让人快乐的事情了。我最大的追求，就是在早春的清晨，穿过盛开的藏红花去散步。我非常期待一年一度的野花展览，我们的园林设计师杰罗姆·罗切洛尔每年都会为此精心策划。我在生活中难以同时保持耐心和热情，但是在我的花园里，我却做到了。

尽管我没有亲手种下这些植物，但是我依然下了很大功夫学习园艺知识。事实上，多年以来，我一直在睡前阅读苗圃目录，有些还很

---

① 1加仑 = 0.003 785 4立方米。

深奥。目录上面的植物介绍十分理论化，甚至超越了实际。

我种了很多日本枫树，仿佛集齐了一本百科全书，每发现一个新的品种都让我感到兴奋。新树苗现在都长成了美丽的样本。春季有两个星期，秋季有三个星期，整个花园会被各种色彩填充，华丽无比。这些颜色笼罩在树上，仿佛是我所不相信的上帝的手笔。

在购置这座房子之后，我们又买下了旁边的一块地，包括上面一栋属于现实主义作家西奥多·德莱塞的房子。不久，我们拆掉了房子，留下了石头地基。几年后，我们的女儿萨拉在这片废墟上举办了婚礼。德莱塞把这所房子称为"Iroki"，日语的意思是惊喜花园，我们沿用了这个名字。

贝德福德的家也是我收藏动物样本的所在，这带给我无穷的乐趣。事情源于我在池塘里养鸭子。到后来，我几乎拥有了世界上绝大部分的水禽。由此发端，我们继续收集了几内亚母鸡、火鸡和谷仓鸟。我们有很多种鹤，包括东非和西非的冠鹤、北欧的达摩伊塞尔（Damoiselles）鹤和现存体型最大的赤颈鹤。我特别喜欢和一只名叫玛莎的蓝鹤（南非的国鸟）一起跳舞，我们在精心编排的芭蕾当中相互围绕，这时它会跳起几英尺高。

这些年来，动物园里的物种已经不光是鸟类了，还有其他各种动物。我们的第一种哺乳动物是越南狍子。接着，西西里驴、袋鼠、蜘蛛猴、美洲驼、羊驼和斑马陆续入驻。后来我们的收藏逐渐失去理性，增加了很多不常见的哺乳动物，包括沙袋鼠、河狸、狐猴、獐狮和非洲豪猪。最后，我们甚至还考虑要增加三趾树懒和臭鼬。

我和一些小动物建立了个人感情。我可以亲吻一头名叫安吉尔的雄性美洲驼，但它却不让别人这样做。孩子们在看到一身白毛的小沙袋鼠从母亲的袋子里探出头来时，会非常兴奋。当然，一些动物的超强繁殖力也会带来麻烦，比如我们有太多的斑马和羊驼，已经无处让它们安家了。幸运的是，我们在北部的米尔布鲁克有一个朋友，他的农场帮助我们的非洲瓦图西牛群安了家。

最近[一]，一头骆驼咬伤了一位朋友的胳膊，我为此心烦意乱。我非常担心这位朋友的伤势，立刻送他到北部韦斯特彻斯特医院进行治疗。虽然我这位朋友的伤很轻，但是由于骆驼不能接种狂犬疫苗，需要把这头骆驼放倒，检测它是否携带了狂犬疫苗。检测结果为阴性，但是骆驼的生命也无法挽回了，每当我看到骆驼妈妈和骆驼宝宝时，都会为这件不得已的事情感到悲伤。

* * *

动物总让我感到惊喜，它们也给我的家人和朋友带来极大的欢乐。1990年，我在贝德福德的家中举办了一场以以色列经济精英为主的会议。这次会议的目的是，讨论苏联解体后，俄罗斯犹太人大规模移民到以色列所带来的问题。由于以色列的经济无法支撑大批移民的涌入，原本就很严重的失业问题更加严重。我对这个问题有过一些思考，因此在广泛征求意见之后，我提议与以色列的经济精英开一次非正式会议。与会人员包括时任财政部部长贝加·肖哈特（Beiga Shohat）和以色列驻美国大使，还有一些商界领袖和朋友，包括通用电力首席执行官莱斯特·克劳恩、尼克松总统的前法律顾问伦纳

[一] 本书原书写于2001年。

德·加门特、都市运输管理局前局长理查德·拉维奇等。在这次会议中，我们讨论了通过新的基础设施开发建设为以色列增加就业机会的问题。这个项目包括建设新的道路、港口设施、隧道、地铁，以及任何我们能想到的既能帮助以色列实现现代化，又能帮助新移民就业的工程。

一上午的紧张讨论之后，我们休息吃午饭。朱迪在花园里准备了由熏鱼和新鲜蔬菜组成的大餐，以色列客人看上去非常喜欢。之后，宾客纷纷要求参观我的动物园。在看到我和动物们的深厚情谊之后，以色列客人说服我，为耶路撒冷动物园购买一只泰国象。这么重要的事情，我怎么能够拒绝呢？那只母象被取名为米歇尔拉。

我们大约有 20 个人，大部分人会说希伯来语。在走向鸟类区的路上，我告诉他们我有一只会说希伯来语的鹅。他们都怀疑地看着我，但我非常肯定。

当我们走进鸟类区时，我把那只鹅指给肖哈特部长看。他试着说了几句希伯来语，这只鹅就走了过来，然后摇着头晃动着黄绿色的喙，从喉咙里发出声音来。对于外行来说，这几声算是合格了。当然，它也会对说任何语言的人都这样做。最终，这次基础设施峰会没有取得任何实质性成果，但我相信，直到今天，耶路撒冷仍会有人谈论那只会说希伯来语的鹅。

* * *

这些年来，我的大多数野禽都是从迈克尔·卢伯克那里买来的，他可能是世界上最受尊敬的鸟类育种专家。在搬到北卡罗来纳州之前,他曾是英国野禽和湿地信托基金会的负责人。

在贝德福德最令人愉快的经历之一,就是迈克尔带着一群新鸟到来。而把这些有异域情调的生物进行放生,是件非常有趣的事情,我常邀请我的朋友,特别是我的孩子们,一起观赏分享快乐。有一次,迈克尔告诉我,在南大西洋马尔维纳斯群岛中有两个原始岛屿可能要出售。大贾森岛和尖贾森岛是世界上最大的黑眉信天翁的栖息地,岛上还有三种企鹅和许多其他稀有物种。这些岛屿是当今十分珍贵的未受外界干扰的自然栖息地,其之所以被出售,是因为它们的主人违反了福克兰保护条例,偷偷地把企鹅蛋从这些岛屿运到他在英国科茨沃尔德的商业鸟类经营机构。

我比撒切尔夫人花了更长时间才在地图上找到了马尔维纳斯群岛,它们实在太遥远了。尽管如此,迈克尔的话仍打动了我,我要为保护这些自然栖息地出一份力。在我的好朋友戴维·布莱克本律师的帮助下,我很快申请了购买这些岛屿。经过与原主人和马尔维纳斯群岛当局的大量谈判,这笔交易达成了。

之后不久,朱迪和我,以及我们的动物饲养员乔·达多纳、戴维·布莱克本、迈克尔·卢伯克、阿里·卢伯克,以及著名的鸟类学家弗兰克·托德,就到这些岛屿去参观了。去一趟非常不容易,我们从智利的蓬塔阿雷纳斯飞往马尔维纳斯群岛的斯坦利。每周只有一次航班,一次要飞六个小时,并且飞机上没有洗手间。当我们到达斯坦利时,当地行政长官请我们吃了一顿大餐。第二天,英国军方向我们提供了两架大型直升机,用了一个小时载我们飞往我新买的岛屿。

走下直升机时,我们的脚踩在厚实的植被上面,有些地方还生长着热带植物，足有六英尺高，但是那里没有树。我们继续向前走，很快就看到了信天翁，有成千上万只。这些只有两个月大、3.6千克重的雏鸟，都在等待它们的父母觅食归来。

岛上的大多数生物都对人类不设防，因为它们很少接触到人。我们走到一群企鹅中间，它们对我们怀有同样的好奇心，有些企鹅甚至会过来咬我们的鞋子。最有趣的是长腿秃鹰，它们会明目张胆地攻击我们，经常瞄准我们的头顶，且成功率很高。当我们在岛上待了大半天后准备离开时，发现直升机的螺旋桨上落满了长腿秃鹰。我们不得不投喂了大量的生肉，让它们飞离直升机，才得以起飞。

在亲眼看到这片野生动物庇护所之后，我和朱迪觉得，我们已经为保护生物尽到了一份责任。为了保证这些岛屿永远作为生态庇护所，我们最近把它们赠予了国际野生生物保护学会，相信它将会永久保护这些岛屿。

我们在贝德福德饲养的一些鸟原产于南大西洋和杰森群岛。有一种不能飞的福克兰船鸭，它是贝德福德有史以来最具攻击性的动物，会无缘无故地追赶几英尺以内的人。这只鸟勾起了我调皮的天性，我会经常把客人带过去，让它追着客人跑。

* * *

大约20年前，朱迪和我开始收藏艺术品，尽管有一阵子我对收藏家有很大的看法。我认为有很多所谓的收藏家，其实内心浅薄、附庸风雅。于是我下定决心，如果我要收藏的话，会尽可能像理想主义者那样，追求纯粹和深刻。

尽管有种种疑虑，朱迪和我还是开始了艺术品的收藏，并且很快迸发出了极大的热情。我们最初购买了保罗·克莱的一幅水彩画，我们欣赏他的机智、叛逆和创造性。我特别喜欢他的幽默感，尽管有些幽默我还不能理解。多年以来，在朱迪的主导之下，我们收集了一批名家作品，包括塞尚、席勒、毕加索、克莱、马蒂斯、波拉克和德·库宁的作品。我们还购买了不少修拉的蜡笔画，因为这些作品透着难以名状的优雅。

虽然我们有高更、夏加尔和迪克斯的一些顶级画作，但我还是对素描更有感觉，我觉得素描更多地揭示了艺术家的情感，创造出一种夹杂着脆弱性和新鲜感的作品。

我在收藏的时候，似乎很看重社会评论题材的作品。我最近购买了一幅戈雅的画作，画中的每一笔似乎都传递着比他的《战争的灾难》系列版画更为微妙的意涵。我买的第一幅画，是在我25岁时买入的乔治·格罗斯在20世纪20年代末完成的一幅双面水墨素描，作品描绘了一个普鲁士军官、一个资本家和一个宗教狂热分子，预示了德国即将发生的事情。我们公寓的墙上已经快没有多余的地方放置画作了，但是这并没有影响我们的收藏热情。

在我们的收藏生涯中最特别的一件事是，我们最近捐出了伦勃朗于1631年完成的《跪着的使徒彼得》，这是以色列第一幅伦勃朗的作品。让人感到有些奇怪的是，我把这件作品捐出去之后，竟然比自己持有感到更快乐，特别是在以色列如此不景气的时候。

我们的藏品还扩展到了犹太教文物、古代艺术品和秘鲁的羽毛纺织品。我着手收集犹太教的文物，与其说是因为这些文物本身的美感，不如说是因为我一直在努力调和自己在信仰上的矛盾思想。随着时间的推移，我已经能够欣赏这些曾在欧洲遗落的文物的美感了。能够欣赏这些祖先们用过的宗教珍品，让人感到十分特别。我闭目冥想，这些物品在古老的犹太教堂里，在犹太人的家中，都曾经被人倍加珍视。这种和犹太民族血脉相连的感觉，超过了作品本身的美学价值。

几年前的一天，我当时在耶路撒冷，决定开始收集慈善盒，作为犹太教文物的重点藏品。我之所以选择收藏慈善盒，是因为它们代表了犹太人为社会最底层民众提供帮助的价值观。我走遍了所有能找到的古董店，买下了一批所谓的真品。我把其中 12 件交给以色列博物馆的馆长进行鉴定，结果全是赝品。有些是现代复制品，有些是仿造的，还有些确实比较古老，但都不是犹太人的。

但是，我还是坚持了下来，不久之后我又收集了大量的慈善盒。过了几年，我再次把这些盒子交给专家鉴定，发现其中大概有三分之一是假的。这就是收藏新手和次新手要面临的风险，这个领域里面的商人可不都是道德楷模。

不过，我现在已经能够全面广泛地收集犹太教的文物了，其中也包括反犹太教的作品，比如木制玩具、宗教漫画，甚至还包括了 19 世纪的英国出版物。

最有价值的收藏领域是古代艺术品。通过比《圣经》更古老的物品，人们可以触摸到人类的文明历史，激发出更多的想象。古老的希腊花瓶绘画和大理石雕塑，仍然深深地吸引着 2500 年之后的人们，这让我获得了史书之外的启发。然而，我的收藏品的美也并不总是显而易见的。我曾向一位商业伙伴展示了一些中东地区的青铜雕像，他看过之后告诉我，不用担心这些物件会被人偷，因为这些东西放在大街上也不会有人捡。

我收藏的动机十分简单，主要是视觉享受的需要，这也说明我需要对这门艺术背后的文化进行补课。对一些收藏家来说，我的方法是不完善的。确实，我有时会因为自身知识不足而自责，我还需要继续不断学习。尽管用股市的话说，我经常先投资后调研。

有点讽刺的是，有一次我在咨询过博物馆之后买入一件古代文物，导致了我收藏生涯中的一次惨败。那是1991年，我买入了一个公元前4世纪古希腊在宗教仪式中使用的金质盘子。我通过一个纽约古董商买下这个物件，他声称是从一个意大利钱币商那里淘到的。由于黄金的可塑性很强，易被伪造，因此在购买之前，我把这个物件拿到大都会艺术博物馆的保存部门，请馆长和鉴定人员研究了一个多月。这座博物馆自己也有一个盘子，和我这件几乎一模一样，常年在显眼的位置进行展出。因此，博物馆的专家们急于对这两个物件的真伪进行鉴定。研究之后，他们语带犹豫地跟我说："你的这件和我们的一样，都是真的。"

他们的判断让我把心放了下来，我花了100多万美元买下了这个物件。之后几年，它一直在我纽约客厅中的显要位置进行展示。直到有一天，美国财政部的海关部门不请自到，出示了搜查令，把这个物件没收了。他们是代表意大利政府行事的，意大利政府声称这个盘子是非法出口的，违反了意大利的相关法律。

这个消息很快传遍了收藏界，因为美国政府执行外国法律似乎有违惯例，这件事影响十分深远。这个案子越来越复杂，引起了很多博物馆的关注。事实上，一些著名的美国博物馆提交了申请，支持把盘子归还给我。

我在初审和之后的两次上诉中都败诉了，美国最高法院拒绝审理此案。这场败诉的官司又花了100万美元。尽管相关的损失和法律费用应该由那个卖给我盘子的古董商承担，但是他以贫穷为借口拒绝支付。之后，这个案子变成了我的一个使命。不仅仅是因为我遭遇了不公正的待遇，更重要的是，我在无意中代表了全世界很多文化机构，它们也正在因为一些艺术品的"可疑之处"而遭受攻击。

从宏观和微观的角度上看，这个故事都远远没有结束。在意大利，对于出售这个盘子的意大利钱币商的审判还在继续，他现在改口声称这个盘子是当代的赝品。而在宏观层面上，关于国家遗产的争议日益增多，这也成为当今艺术界最为重要的话题。在我看来，这是一次昂贵的教训，更糟的是，我无法确定自己不会重蹈覆辙。用股市里的话说，我损失了两倍的本金。即便我很有钱，也禁不住这么折腾。

* * *

在20世纪80年代中期，我投资了电影行业。我是误打误撞进入这个行业的。当时我接到耶路撒冷时任市长泰迪·科莱克的电话，他问我是否愿意帮助他的儿子阿莫斯完成一部电影的融资，当时这部电影进展顺利，准备上映。我并不认识阿莫斯，但他需要四万美元来完成这部名为《再见，纽约》的电影的后期制作。我很尊重泰迪，因此我借钱给了阿莫斯。必须承认，我对电影行业很感兴趣，从远处看去这个领域似乎非常迷人。

多年来，电影行业似乎以各种各样的理由吸引着许多华尔街人士，但是很少有成功的案例。我也走上了这条无利可图之路。十几岁的时候，我会乘地铁专程去曼哈顿看那些不会在布鲁克林上映的艺术片。由于我在金融领域的成功，我能够进入一个在我心中占有特殊地位的新领域。

《再见，纽约》给了我一个执行制片人头衔，主演是朱莉·哈格蒂和其他以色列演员，甚至还有阿莫斯·科莱克本人。在这部电影中，一个基督教女孩在纽约和男友分手后，登上飞往巴黎的飞机。她戴着一顶黑色的大帽子，从某个角度看，这顶帽子和同坐飞机的哈西德派教徒的黑帽子是一样的。这趟飞机是经巴黎飞往特拉维夫的，乘务员以为她是哈西德旅行团的成员，因此在飞机经停巴黎时，并没有叫醒她。当飞机在以色列降落时，她才缓缓醒来。这部电影描绘了主人公在以色列的旅程，她一路上遇到很多怪诞的人物，过程很是有趣。

电影于 1985 年在纽约上映，好评如潮，取得了票房上的成功。它在使馆影院的上映时间达到了创纪录的几个星期。电影非常成功，这让阿莫斯赚到了钱，并且如数偿还了他从我这里借出去的钱。从经济角度看，这是我在电影上取得的最大成功。我当时就应该明白，即使票房成功，也不能保证独立制作的电影能够盈利。

继《再见，纽约》之后，我又投资了阿莫斯的几部电影。最后一部深度参与的，是费伊·达纳韦主演的《双刃剑》，这部电影于 1991 年上映。影片讲述了第一次起义的爆发：巴勒斯坦人对以色列进行反抗，孩子们通过投掷石块和炸弹发起暴动。

在这个时期，在电视上，特别是在美国有线电视新闻网（CNN）上，阿拉伯的孩子们经常被描绘成像戴维那样，要面对巨人歌利亚一样的以色列士兵。电视上经常报道荷枪实弹的军队向孩子们发射橡皮子弹，或者更糟的事情。我认为，有必要制作一部电影，对中东政治的复杂性提供一个更为平衡的观点，以此淡化对抗以色列的负面宣传。我和阿莫斯讨论了这个想法，他写出了一个剧本，拍出了一部有价值的电影。虽然我们投入的 170 万美元全都打了水漂，但是我认为，这部电影相当不错。

事实上，我仍然认为《双刃剑》是一部令人兴奋的电影。这是一部写实电影，达纳韦扮演的美国记者被临时派往耶路撒冷，由于个人原因，她急于在短期内出名（剧本的名字叫《耶路撒冷三星期》）。通过这种虚构的形式，我们创造性地在电影中对真人进行了采访，采访对象包括阿巴·埃班、拉比梅厄·卡赫纳、泰迪·科莱克、哈南·阿什拉维，还有很多普通人，包括很多在冲突当中失去孩子的父母。在这个背景之下，主人公与一个阿拉伯恐怖分子牵连在一起的故事。《双刃剑》获得了适度的好评，但和往常一样，这又是一场商业灾难。

我还在阿莫斯的两部电影中登场亮相。在他 1989 年的电影《高风险》中，我出演了 30 秒；而在经典的《永远的露露》当中，我再次亮相，成功赢得了足足 1 分钟的戏码。

虽然我们的电影都不赚钱，但我还是很喜欢阿莫斯。我借给了他一些钱，他也拍了一些广受好评的电影。虽然我没有参与制作，但是他的成功让我感到欣慰，我特别羡慕他总是在影片中和漂亮的金发女郎演对手戏。我只是在电影行业当中做了一点事情，《双刃剑》是我和阿莫斯合作的最后一部电影。

之后，我和合伙人汤姆·贝尔一起，开始投资猎户座电影公司的电影。最终，这家公司破产了，但在此之前，我们跟斯碧尔·谢波德和罗恩·西尔弗一起投资了《亚当斯家族》和《夫妻朋友》。在这些项目当中，我只参与资金层面的工作。

作为投资人，我参与过最成功和最负盛名的电影，是纪录片《终点旅馆》。该片讲述的是被称为"里昂屠夫"的克劳斯·巴比的故事，获得了奥斯卡最佳纪录长片奖。这是一次重大成功，虽然商业收获有限，但是我至少成功保本了。

朱迪和我曾经参观过汤姆和我在多伦多合作的一部电影的拍摄现场。坦白地说，我不喜欢看到进展缓慢且花销昂贵的电影拍摄现场，那就像是拿出30万美元去看一天野草生长一样。另外，在汤姆的建议下，我们投资了十月电影公司，但是，我们再次费尽力气，才勉强保本。必须承认，我对电影有着持续的热爱，但我永远不可能在这上面赚到钱。我希望有一天能证明，我是错的，我能通过投资电影赚到钱。我已经厌倦了反复去问我的电影合伙人同样的问题："我的钱去哪儿了？"

| 第 11 章 |

1987 年股灾

1987年，我在天才和傻瓜之间切换。年初，我预见到了一场灾难即将来临，但是我却没有能够坚持自己的观点。周围的情绪以及我们一段时期的低迷业绩，都给我造成了压力。最后，这次崩盘让我和散户一样遭受重创，我可能比他们更惨。

1987年4月，距离股灾还有六个月，我给投资者写了如下的信函：

> 当然，市场可以继续上涨，再创新高。但是，对于传统投资者来说（好歹我也算一个吧），今天的市场已经给出了一系列警告信号。和历史平均值相比，市盈率进一步提升，股息率偏低，市场上已经很少能发现价值投资的机会了。更重要的是，低增长、低通胀、低利率的环境已经无法继续维持。要么经济持续疲软，要么经济复苏带动利率上行。在这种情况下，尽管持续的货币宽松政策和回购操作能够提供一定支撑，但是市场下行风险依然很大。由于出现所谓的"程

序化交易"以及衍生品规模激增，潜在波动率大幅增加。道琼斯工业指数每天涨跌 50～100 个点将成为常态。

尽管有如此的先见之明，但我没能从自己的建议当中受益。我继续写道：

> 在这种情况下，尽管可能错过股价大幅上涨，但我依然倾向于保持谨慎。我一直把投资伙伴的钱当作自己的钱进行管理。因此，我一直在寻找下跌风险可控的机会。而依我判断，当前的美国股市没有这样的机会。总之，我们的谨慎态度能够降低风险敞口，这可能会导致我们的业绩在市场强劲的时候跑输大盘。

回过头看，这封写在股灾之前的信是多么富有远见啊！但是在投资行业，六个月是很长的一段时间，我在信中的预判并没有能够坚持下去。几个月之后，我又开始净做多了。我的结论是：此时退出市场的风险大于进入市场，因此我们要在这个昂贵但繁荣的市场里买入股票。虽然按年度评价投资人的业绩具有一定的合理性，但是风险在于，在这种评价体系之下，投资人可能会被诱惑迷了心窍。有时，个股的短线机往往会让人忘记高估值的陷阱。只要做多就能赚钱，因此我们一直做多，一切都很简单。现在回想起来，有点过于简单了。

截至当年 8 月底，我们的净值上涨了约 35%。我们对这一年感到满意，对持仓也感到满意。每一笔持仓背后都站着一位热情似火的分析师，而分析师们现在开始出现动摇的倾向了。在整个夏天快要结束时，市场出现了疲态，但是我却对此视而不见。虽然我每天都在思考同样的问题：到底会是什么原因让估值过高的市场出现下行呢？这里有一个两难的困境：虽然从历史均值来看，市场的确是高估了，但是我们仿佛正在进入一个新的时代。现在会是长期收益翻倍增长的时代吗？市场的交易异常活跃，这源于美国投资者对杠杆的娴熟运用，这也许是20世纪90年代股市大牛市的前兆吧。

整个9月份，市场都在波动，但是我们没有降低净多头的敞口。我们对自己的投资组合很有信心，有意持有多头头寸。到夏季结束时，业绩表现堪称良好。但是到了10月份，市场出现崩盘，而我们对此毫无准备。我在信中的预言成真了，但是我最终被欲望打败，秋后算账开始了。

* * *

股市崩盘之前的周五，市场下跌100多点。大批股票折价交易，引发市场关注。当天下午，我召开了一次员工会议，询问大家对市场的看法。我们在宏观层面错过了什么信息吗？我没有从这个会议当中获得清晰的信息，也没能保持应有的谨慎。到了周末，我甚至忘掉了弥漫在媒体和周围的恐惧氛围。

周一上午开盘，股市再次大幅低开。到上午10点半，道琼斯工业平均指数下跌120多点，新闻已经将之渲染为大范围恐慌。到了中午，道琼斯工业平均指数下跌近200点，我认为市场过度恐慌出现超卖，底部已经出现，于是开始买入标准普尔期货，折价很大，成交价格非常低。作为标准普尔期货的交易老手，我在"解读"升水和贴水方面经验老到。期货的交易价格已经比标的价值打了很大折扣，这反映出市场已经陷入混乱。

我按照以往的方法，下跌分段买入："每跳 10 个点，买入 10 份标准普尔期货合约。"

市场继续下跌，买单成交的速度超出我的预期。很快我就平掉了标准普尔期货的空头头寸，那是我用来对冲多头头寸用的。我一直在买进，当市场下跌 250 点时，我的持仓是净多头的股票和标准普尔期货了。当市场企稳时，我备受鼓舞。在接下来的一个小时里，市场从下跌 250 点回升至下跌 200 点，之后回升至下跌 100 点。我以为，机智如我，抄到底了。

当天下午，市场好像要再次考验低点。下午 2 点，市场再次下跌。到了 3 点，市场加速下跌，先是下跌 300 点，然后是 350 点。恐慌不断蔓延，新闻称罗纳德·里根总统将在收盘后就市场发表讲话。这时我才感到有一丝不对劲了。我们坐在交易室里，全程目睹市场自由落体下跌 450 点。

截至收盘，市场下跌 508 点，跌幅达 22%，创大萧条以来单日最大跌幅，我整个人都惊呆了。我努力尝试解读市场，但是我已经做不到了。好像外界也没发生什么了不得的事情，但是市场就是崩溃了。也许人们只能在后视镜当中，才能看出微妙而深刻的变化。这天结束的时候，我瘫坐在办公室，第一次真正意识到，股市真的崩溃了。

那个星期一，我枯坐在办公室直到深夜。傍晚时分，我决定拿出勇气在周二的时候再次买入标准普尔期货，我认为暴跌之后必有反弹。

但更糟糕的是，第二天开盘之前，我接到了期货经纪商摩根士丹利打来的令人沮丧的电话，他们提高了我们期货账户的保证金比例。

这是一个让人痛苦的坏消息，因为当时我们正大量投资、大量使用杠杆，而且准备买入更多的期货。由于市场出现大幅波动，摩根士丹利决定降低对我们公司和其他对冲基金的"投机类"风险敞口，如果我们不能在当天收盘之前满足新的保证金要求，摩根士丹利将对我们进行平仓。

我非常生气，立即打电话给鲍勃·慕钦，他是高盛资产部的负责人。鲍勃在压力之下表现镇定，他请示了公司的管理委员会之后告诉我，高盛对我们进行期货交易的信誉表示肯定。于是，我立刻把所有的期货结算放到了高盛。之后多年，我都没有再和摩根士丹利合作过。

* * *

多年来，我一直想忘掉我们在"黑色星期一"和之后的日子里面亏损掉的金额。但我清楚地知道，直到 1987 年 9 月，斯坦哈特合伙公司的盈利有 45%，而在当年财年结束时，我们的盈利只剩 4%。我们在股市崩盘当天以及随后几天里，几乎亏掉了全年的盈利。和往常一样，在亏损的时候，我大幅降低了仓位，因此，当股市出现反弹的时候，由于我的仓位很低，回血也就很少。

那年的秋天，我极度沮丧，甚至想要退出市场。这次灾难是我亲手造成的，我深深地被择时问题所困扰。上半年的先见之明，非但没有帮到忙，反而加重了损失。可能是我的判断力出了问题，也可能是年龄大了吧，我的自信心受到严重打击，倍感孤独。我的直觉告诉自己要谨慎，但是在实际操作中，我就像一个菜鸟基金经理，只知道做多。我所看重的逆向投资已经名存实亡了！

媒体对股市崩盘的关注和报道持续了几周时间。记者们表示，我们正处在金融史上的一个特殊时刻，但是我身在此山中，不识庐山真面目。以前，我总能在熊市当中取得不俗的业绩，有时甚至会惊艳全场。但是这次我失败了，这种感觉折磨着我，我取消了度假的计划，沉浸在痛苦之中。

"几个月以来，我们一直对市场持谨慎态度。" 10 月 26 日，也就是股市崩盘一个星期之后，我向投资者致函，"我们认为利率的上升和华盛顿决策者的优柔寡断，会使市场难以进一步上涨。然而，我们无论如何也没有预料到，在过去两周的时间里，市场会出现如此剧烈的下跌。" 这种话多少有些推脱之意。

* * *

回想起来，1987 年的股灾并没有多少指示意义。之后并没有出现大熊市，只是出现了短暂的恐慌，造成了短期的暴跌。可能是因为市场上涨得太快，同时债券获得青睐，人们在观察利率和政策言论的些许变化中，做出了一致性选择，其实外部并没有发生实质性的变化。很多人相信股市是经济变化的晴雨表，能够传递清晰的宏观信息，因此，全世界都在搜肠刮肚地寻找这次暴跌的理由。经济会因此衰退吗，会出现大萧条吗，会发生政治动荡或者其他事件吗？

市场的崩盘找不到经济学方面的原因。事实上，整体经济表现出了很强的适应性。这次崩盘并不是经济下滑或者金融危机的前兆，而是市场内部无法适应成交量大增以及 20 世纪七八十年代出现大量新兴交易品种的结果。当时，有效市场理论正在华尔街大行其道。一批学者通过定量的方式，构建了一系列用于控制风险、降低损失的投资组合工具，成为市场追捧的新贵。计算机技术的发展使程序化交易成为现实，程序化交易可以在市场上涨时连续买入股票，在市场下跌时连续卖出股票。这些新兴的投资技术在"正常"的市场环境下得到了验证，但是从未经历过那些日子的极端行情。股价的不连续和这些投资组合的持续卖出，加剧了市场的崩溃。讽刺的是，在投资者最需要这些投资组合控制亏损的时候，结果反而与预期背道而驰。

不仅如此，"传统的"稳定器的重要性也在不断降低，包括纽约证券交易所的专家系统。此外，在市场崩溃期间，不同经纪商的表现也有云泥之别。并且，大户室当中的投资者也没能起到稳定市场的作用，相对于市场总体规模的扩大，他们的资产规模是缩水的。再有，机构已经取代散户成为市场参与主体。最后，成交量的大幅攀升加剧了崩溃的程度。市场行情更新速度很慢，人们无法得知大多数股票已经跌到什么价格。

纽约证券交易所、美国证券交易委员会、美国国会和专门调查这次大跌的总统特别委员会进行了详细的调查研究。它们基本上都得出了类似但并不深刻的结论：崩盘之前曾经出现过一轮牛市，而牛市最终都会终结。市场的下跌和上涨一样，都是自然而然的事情，但是人性无法接受无缘无故的下跌所带来的痛苦，人们至少要找到一个下跌的原因。

调查之后的结果是，市场的涨跌幅有了新的限制，算是对过去所有变化的一种亡羊补牢吧。即便如此，股市暴跌依然被看作是潜在灾难（经济衰退、利率上行，以及美联储和德国央行之间的货币政策分歧所引发的一系列问题）的前兆。而最后什么都没有出现。最终，从1987年的股市崩盘当中，人们没有总结出任何经济学方面的经验教训。金融历史不会总是简单重复。

* * *

俗话说，祸不单行。1987年10月，仿佛我们的投资组合亏得还不够多，我们的可转债套利组合也开始出问题。1986年，我聘请了一位专做可转债业务的投资组合基金经理。可转债是由固定收益部分和权益部分共同组成的一种综合工具。在可转债套利交易中，人们买入可转债，同时卖空标的股票对冲风险。假如操作得当，这种套利的风险很低，并且和股市的相关性也不大。关键在于合理运用对冲比例，以便在股市出现压力的时候，债券投资组合能够覆盖股票下跌的部分。这就要求我们能够持有优质债券，防止在熊市中像股票一样出现大跌。

股市崩盘之后没几天，我看了一下损益表，我们的可转债套利策略虽然规模不大，但是表现却超出了我的预期，这让我很欣慰。可转债套利组合的损益表显示，10月份组合上涨了约10%。这表明在我们的投资组合中，至少有一部分仓位在崩盘行情里幸免于难。但是我也开始有点纳闷，作为例行检查，我请一位交易员来确认这位投资组合经理的所有交易记录是否都是准确无误的，这些交易主要都是场外交易。然而在第二天，我挨了一记闷棍——债券登记错误。这些债券信用登记很差，没有任何价值，无法起到风险缓释的作用。所谓的"低风险"投资组合跟市场一起下跌（跌幅大概是30%）。这是我们公司历史上唯一一次出现月度亏损。

我简直怒不可遏。我在办公室里的咆哮声创造了新的分贝纪录。这位投资组合经理最后终于鼓足勇气小声嘟囔了一句:"我现在只想自杀。"我冷静地回答:"我可以旁观吗?"

* * *

10月底,一年一度的以色列博物馆"美国之友"盛会在林肯中心举行,这是朱迪组织的活动。现场气压低沉,所有人都到场了,但是唯一的话题是股市崩盘。当然也不时传出小声的笑声,但是都很节制,因为大家都知道,在场的几乎每一个人都在上个月变穷了。

我曾经安然度过股市的惊涛骇浪,特别是在熊市中,我的表现很出色,因此这么差的业绩让我非常难受。和往常一样,人们会来询问我的看法,我只能故作镇定、强颜欢笑。我对自己所说的并没有把握,因为我已经没有观点了。与此同时,人们都在专心听我讲述关于市场的"智慧之语"。我能回答的只有一句话:"市场崩溃了,但是这并不能说明什么。"然后我会补充:"但我并不比别人更聪明。"可能大家都觉得我在谦虚,但是我知道并非如此。我只想尽快离开会场,尽管这通常是我一年中最喜欢的聚会之一。

* * *

接下来的一年,我从头开始,专注于选择基本面触底反弹的股票,这使我们的业绩有所回升。我尝试从多空两个方面寻找一切好股票。我的风格依旧是"快刀斩乱麻",从没有通过长期持有获利的念头。我努力通过频繁交易来弥补股灾当中的损失。随着时间的推移,我已经能够正视这场崩溃了。我逐渐意识到，在一个正常的市场环境下，无论市场是上涨还是下跌，我几乎都未尝败绩。我计算过，在我全部的投资周期中，只有不到5%的投资月份出现了亏损。总体说来，这个成绩我是可以接受的。但是那些亏损的日子我依然无法接受，因为在那段时间里，我会忘记自己之前的成功，失去判断力。

* * *

几年前，《机构投资者》发表过一篇关于我的文章，描述了我对园艺的浓厚兴趣。文章里配了一幅我在贝德福德种树莓的漫画。读过这篇文章之后，我的一位投资人路易莎·斯宾塞，一位富有冒险精神和慈善心的女士，在1987年初邀请我为布鲁克林植物园提供一笔小额捐款，她是这项活动的组织者。我答应了。

1987年12月，当我还沉浸在大崩溃的忧郁中时，路易莎又打来电话，这次她要邀请朱迪和我一起参观植物园。我在布鲁克林长大，对园艺充满兴趣，但是我从没去过布鲁克林植物园，因此，在1987年冬天一个下雪的日子，朱迪、路易莎和我开车前往布鲁克林。

植物园位于我青少年时活动区域的中心，当我们到达以后，我发现这里非常迷人。路易莎以她迷人的方式，讲述了这个筹款项目所面临的困境。由于与主要捐赠者之间的意见分歧，植物园急需找到一位新的投资人，我没想到，自己已经成了替她履行承诺的目标人选。

我一直在想植物园在雪天里的美景，想着这份捐赠对于植物园的价值和意义，这些是在股市带来的沮丧中产生的。我无法将自我意识和投资业绩区别开来，这让我十分痛苦。我在进行自我评价时，依然无法客观。但是，那次参观让我感到很兴奋。那一周晚些时候，我打电话给路易莎，请她进一步解释植物园筹资的需求。植物园的园长唐纳德·穆尔给我打来电话，向我提供了他此前和违约的捐赠人之间计划好的一些具体安排。

这笔捐款需要 300 万美元，是我上一笔捐款的好几倍。这么大的金额让我感到有些不舒服。尽管如此，我还是同意进行捐款。这在当时是布鲁克林的机构收到的最大一笔捐赠。在崩盘之后，我需要做一些事情找回自己的良好状态。这笔捐赠是一剂良药，在我对个人和经济状况感到不安的时候，对植物园的捐赠对我的精神帮助很大。后来，我又对其他事业进行了更大规模的捐赠，但是这次捐赠发生在一个特殊的时期，对我具有特殊的意义。这次对布鲁克林的捐赠，让我再次乐观起来。对我来说，1987 年的崩盘和布鲁克林植物园的斯坦哈特温室永远紧密相连。温室的捐赠仪式选在"黑色星期一"的一周年纪念日举行。

我们以复仇的方式从崩盘当中杀了回来。1988 年，我们的基金盈利 48%。1989 年和 1990 年，盈利均达到 26%。除了 1987 年的崩盘，我们在十年里取得了巨大成功，投资收益远超道琼斯工业指数、标准普尔指数和罗素 2000 指数。得益于美联储的建设性政策，通胀和利率都保持在低位，经济波动也很小，为 20 世纪 90 年代的黄金时代奠定了基础。那是真正的好时代，我正式走上了宏观大舞台。1991～1993 年，我们的基金规模每年增长约 60%，即使用我的标准进行衡量，那也是惊人的辉煌。回顾过去，我对 1987 年的痛苦记忆比对后来六年的成功记忆，要深刻得多。回想起来，这些事情仿佛都是自然而然发生的，并非人为。怎么会这样呢？

| 第 12 章 |

斯坦哈特的风格

我们这些年来的投资业绩,是靠长期坚持投资原则实现的,这些原则是在我要求每月、每周甚至每天都要盈利的基础上建立的。在某些年份,我们靠重仓几只优质股票获利。后来,股票表现有时会逊色于宏观趋势产品。与大多数基金经理不同的是,我们做空股票和做多一样自在,并且我们通常在两个方向上都会积极交易。我们先是在股票市场上取得了长期的良好业绩,然后正式进入全球债券市场。我们也会偶尔进行外汇套利,并且在衍生品工具(期权、期货、掉期等)出现伊始就深度参与其中。最重要的是,我们的操作具有灵活性,善于抓住机会,不受投资领域的限制,甚至带有一点所谓的机会主义色彩。

不过,我们之所以成功,归根结底还是靠能够正确把握市场的总体走势。1967年,当我们刚创办公司的时候,我们的核心竞争力是基本面选股,因为霍华德、杰瑞和我都是证券分析师出身,我们相信自己分析具体公司的能力。在公司的早期阶段,我们秉持了经典的对冲基金观点,即市场受到多种因素影响,市场方向难以预测。因此,我们在刚起步时，几乎不进行任何交易，几乎全部头寸都是做多，长期持有，等待上涨。但这种方式并没有持续太久，因为我发现，当市场下跌时，即使持有再优质的股票，也无法抵挡市场的周期性回调。我们仍然依靠基本面选股，但是重点发生了变化。通常情况下，我们的净资本敞口（多头减去空头）决定了我们的盈亏水平。

本能和直觉，通常被用来描述潜意识过程，而潜意识会影响人的判断。股市里有个或然的现象：有时候，外行的观点和专业人士的观点一样有价值，擦鞋匠和经纪人都能成为股市里的天才。每个人进行判断的方法都不一样，没有什么规律。我经常思考，为什么我能够比别人更好地预测市场变化，特别是在特定时段内。择时并不是管理投资组合的全部，但是非常重要，有时甚至是至关重要的因素。我很快发现自己有交易的天赋，这成为奠定我职业生涯成功的基石。

早在1965年，我就和勒布-罗兹的同事打赌每天的市场走势。每天收盘后，我们写下对第二天道琼斯工业平均指数的预测。我连续赢了22天，在我看来这不是巧合，也不是分析、智力或者方法的反映。也许是直觉？我不确定这样说是否合适。事实上，在我的职业生涯当中，我对自己预测市场的能力充满信心。

我在职业生涯的大部分时间里，都在听我公司的分析师或者其他顶级研究机构讲"故事"或者做销售。更确切地说，我从主要机构的大宗交易员那里，获得了无数的机会。我不可避免地通过有限的信息做出判断。而挑战是，我要结合自己全部的知识和直觉，做出正确的判断。

有些决策是长期性的，有些决策则是纯粹的短期交易，但是共同点在于，它们都常常要依靠并不成熟的判断。这些判断从何处来？人生来就有直觉和本能吗？有些人天赋异禀吗，比如运动员？我不这么认为。

从很小的时候开始，我就利用同样的数据，来做出比旁人更多的投资决策。这个过程在潜意识当中不断进行磨炼和纠偏，时间一长，就会让我少犯错误。在这种重复当中，我完成了学习，这不能用理性去解释，但却可以让我去判断一件事情发生的概率。如此一来，"良好的本能"就形成了。很多时候，我在聆听别人的观点时，都会得出不同的结论，尽管对方的知识要比我深厚。这样说来，知识看上去像是必要条件，而不是充分条件。虽然我也为此犯过不少错误，但是我的信息过滤机制也起到了很大的作用。

一般来说，我会先去看清市场的整体走向，然后再寻找符合我的标准的股票或者其他交易工具，构建投资组合。我会先建立一个概念性的框架，然后寻找具体标的往里面填。我的投资风格，与那些自下而上选股的投资者形成鲜明对比，他们着重关注公司的基本面，而忽视市场的总体走势。当然，把选股方法分为自下而上和自上而下两种，有些简单化了，但是人们总会更倾向于其中的一种方法。

然而，具体到个股选择，我的培训方式和我公司的传统，都倾向于严格的基本面分析，包括大数据分析和运算。无论信息的相关性有多大，能够比竞争对手了解得更多，总是一件好事。我们的目标是，努力对微观和宏观两个层面发生的事情，建立长周期的认知。有时，这会被理解为长期持有并关注不同的股票和行业。而实际上，这项工作的成果往往被运用在短期交易当中，例如，当一种长期发展的规划或者趋势对短期走势产生了过大的扰动时，或者从择时的角度看，当我们需要调仓以应对我们对市场变化的预期时，我们就会运用上述成果。

因此，短期观点和长期持有之间总是存在着矛盾，有时甚至会造成严重的分歧。我是投资组合的首席基金经理，所以我的观点当然是决定性的，虽然有时会和别人的观点不一致。例如，很多时候，我的观点会要求降低投资组合的多头头寸，这样就会让我的分析师们在低估值公司上面所做的研究工作白费了。尽管这种冲突不可避免，但我觉得，这种内部观点的持续碰撞，是有建设性意义的。我敢肯定，别人不这么看这个问题。

* * *

多年来，我以积极进取的管理风格著称。回想起来，我认为我的风格有时甚至是激进的。人们说，有两个迈克尔·斯坦哈特。一个是17点到9点的我，平和安静，有人甚至觉得很"迷人"。这是股市收盘之后的我，这时我可以远离交易的血雨腥风，回到现实中来。这时我是一个居家好男人，还可能是一个在朱迪的帮助之下热情好客的男主人。但是我还有另一面，从9点到17点，我放荡不羁且阴晴不定，我会怒目圆睁、怒气冲冲，冲着对讲机大喊大叫，在交易室里面横冲直撞。在这个时间段里，我无法用理性看待市场和投资业绩。

每天的工作都会体现在损益表上，那是一天的成绩单。即使某天我们表现不错，比如市场上涨1%而我们上涨了2%，我也不会因此沾沾自喜，而是会去研究那些让我们亏钱的股票。每天甚至每个小时，当我发现某只股票的走势有问题的时候，我都会仔细检查每一笔持仓头寸。我十分好强，就是要赢。我如果没能赢的话，就会像是遭遇一场灾难，十分痛苦。

我天生不会给予同事正向激励，这是因为我从来不会对自己感到满足。我经常把注意力放在本可以取得的更好的业绩上，而不是表扬已经取得的成功。

记得有一次，我的一位分析师大笔投资了一家食品服务集团艾斯玛克（ESM）。我们持有约35万股，平均成本约为每股27美元。几个月来，这只股票始终在25～29美元之间震荡。这位分析师依然乐观，他认为ESM被低估了，有被并购的潜力。但是，我对此持怀疑态度。

某个星期五，该股以27美元收盘。周一的上午，爱玛客公司（Aramark）宣布以每股39美元收购该公司。这位分析师十分高兴，我很想祝贺他，但是当我走进办公室时，我是这样说的："上周你为什么没有加仓？这只股票横盘这么久，为什么还一直留着？"我不确定自己是不是认真的，但是听上去好像确实是那么回事儿。

即使表现再出色，我也很难直接表扬别人，我顶多偶尔拍拍他的后背以示鼓励。我的内在标准和竞争意识非常之高，即便是旁人公认的成功，也无法得到我的认可。我很晚才发现，我的业绩和自我意识有着如此紧密的关系，这也反映出我对自己的要求非常高。

* * *

整个交易日我都实行开放政策，任何人都可以进入我的办公室，随时打断我，他们可以和我讨论任何有关投资的话题。及时的信息、交易的机会或是对投资组合中任何一笔头寸的观点变化，都可以优先讨论。也许我正在和公司高管或者投资者进行会面，这时我可能会被一位衣着邋遢、声音粗犷的交易员打断，因为他看到一大笔股票正以很便宜的价格出售。我会禁不住讨论一下这个机会，尽管这样会让贵宾们受到冷落。说实在的，如果我向同事们敞开大门，他们也会向我敞开大门。在交易遇到问题的时候，我经常会用对讲机叫交易员和分析师进来。我听说，他们很害怕被我叫到。我会问："这只股票跌了 3 个点，为什么？我们忽略了什么问题吗？"或者："你还有哪些别人不知道的信息吗？"如果这个人无法给出满意的答案，接下来就会有一场激烈的讨论。我希望我的分析师能够掌握一切信息，要比我这个对业绩负总责的人知道得还要多。

我花了大量时间听取涵盖全部投资领域的投资观点——在很多情况下，我对这些行业知之甚少。我成了一名细心的听众。为了能够有效理解这些观点并方便日后管理，我构建了一个系统，以有效地理解这些想法并随着时间的推移对其进行监控，这种方法克服了跨行业带来的专业知识方面的障碍。简言之，我通过寻找每个观点不同的内在想法，来提出正确的问题。

一个暑期实习生几年之后回忆起他第一天上班时我给他的建议。我告诉他，在理想情况下，他应该能在两分钟内告诉我四件事：①想法；②多数人的想法；③他的不同观点；④触发性事件。这不是什么了不得的事情。对那些随大流的观点——稳健增长型的建议，我通常不感兴趣，也不会鼓励这种投资。而且，我会故意问一些有挑战性的、有导向性的问题。如果一位分析师以 10 美元买入一只股票，后来涨到 12 美元，我就会问他："你还想继续持有这只股票吗？你愿意以 12 美元继续买入吗？"如果他愿意，这只股票就应该留在投资组合里面；如果他不愿意，这只股票就应该被卖出。

交易远不是正确下单这么简单，它还是投资组合的耳目。有时，交易信息能够让人察觉到重要的基本面变化。在研究市场的圈子里面，充斥着同质的结论，但有时买方和卖方讲的却是不同的故事。我们会努力通过自己的头寸来了解整个故事的全貌，特别是当交易活动和我们的预期不符的时候。而且，通过积极的交易，通常是围绕一个价格进行的交易，能够让我们更清楚地感知市场，这是其他方法做不到的。我们努力整合研究和交易，利用突发的价格波动进行获利。我喜欢这样说：如果我们在 20 美元买入一只股票，目标价是 30 美元，那么我们希望股价在 40 美元的时候获利了结。

我希望投资组合每天都进行调仓。实际上，长期持有的获利方式是我的次要选项。因此，我对投资组合的不断评估调整，和我的分析师们的劳动成果，会不可避免地产生冲突，他们在自己的标的上下了很大的功夫，不愿意轻易放弃那些没有暴涨的标的。通常，由于注意力过于集中，我会察觉组合中的某只股票存在短期风险，并会想要调仓。我最喜欢的一个说法是"唯快不破，不快则败"，意思是如果你对变化的反应不够迅速，哪怕只是细微的变化，都可能让你败下阵来。分析师们可能已经在一家公司上面花费了数十个小时，会对我的干预心生不快。我认为，如果一位分析师不能极力捍卫一笔投资的话，这只股票就不应该出现在投资组合里。我希望我的分析师能够捍卫信念，否则，他们的标的就不应该留在投资组合里，特别是当这个标的可能存在短期风险的时候。

我承认，在我的短期观点之下，卖出了很多股票，有些和分析师的观点相反，有些甚至确实卖错了，并且错得相当离谱。因此，我的交易观点有时会激怒一些分析师。1979年末，就在我休假归来之后，奥斯卡·谢弗，一位优秀的分析师，也是我多年的合作伙伴，大笔买入了艾奥瓦牛肉加工公司（IBP）。他很了解这家公司，以每股24美元的平均成本买入了这只股票，我们持有了一两个月，其间股价涨到了29美元。一天上午，我对市场感到紧张和不安，把奥斯卡叫到了办公室，问他："这只股票会上涨吗？"

他坚定地回答会上涨。

我不满意，继续问他："什么时候涨？需要发生什么事，股价才会涨？这种事什么时候会发生？"

他说："我没法预测股票的短期走势，我更在意长线，它会涨上去的。"

当天晚些时候，奥斯卡吃完午饭回来，到交易室的报价系统输入艾奥瓦牛肉加工公司的信息。

"你为什么还在研究这只股票？"一个交易员问他，"在你吃午饭的时候，迈克尔已经把你的头寸卖掉了。"

四个月后，这只股票以每股80美元的价格进行了要约收购。我并不能总是保持正确，特别是在需要相信分析师的时候。

还有一回，一位主要研究金融公司的分析师亚历山大·格林伯格去纽约银行（Bank of New York）拜访管理层。在会上，亚历山大表达了我们公司对金融行业的兴趣，特别是对纽约银行股票的热情。会议进行 15 分钟后，坐在报价系统面前的银行投资者关系负责人突然说道："你们对金融行业长期向好的观点，好像突然改变了。"

"何出此言呢？"亚历山大问。

"道琼斯刚刚发布了一条新闻，有人大量抛售金融股，斯坦哈特合伙公司是几笔百万大单的卖方，卖单里似乎包括了 350 万股纽约银行的股票。"

不用说，会议很快就结束了。

亚历山大回来以后，我向他解释说，尽管我高度尊重他对这些公司的研究分析，但是我的市场观点改变了。当我的观点改变时，只能果断行动，别无选择。正如我常说的："不快则败。"

我这种"从头再来"的心气儿，会不时加剧我对投资组合的调整。我不喜欢投资组合里的标的过于冗余。我也不认为我们和市场步调一致，尽管对具体标的有不同程度的信心，但是我的结论是，空仓对我们更为有利。我会打电话给高盛的鲍勃·慕钦或者所罗门兄弟的斯坦利·肖伯恩（Stanley Shopkorn），要求清仓。由于事前的大量沟通，这些公司会在一笔快速交易当中，买下我们全部的多头头寸，并且平掉我们的空头头寸。这时，我们的头寸变得清清爽爽，我们手里全是现金，从这里重新开始建立投资组合，我们可以去买入那些我们最看好的优质股，并且和鸡肋股票说再见。

* * *

我在办公室里不时营造出的对抗性气氛，让每个人都充满了紧迫感，这是其他公司不具备的条件。我认为我至少说服了自己，那就是这种态度让每一位合伙人和员工都能够走向卓越。我当仁不让，以身作则，没有人比我更投入工作了。公司的一切我都知晓：研究报告、报表、研究观点和公告。因此，公司的每个人都知道，要想在智力和信息上取得优势，就必须努力工作。因为我对自己严格要求，所以虽然我的目标定得很高，但是大家都是支持的。

当然，我也顺理成章地被评为华尔街最难相处的老板之一。我要怎样改变有争议的做法呢？我要怎么做才能不再让别人感到难受呢？

我一直为此扪心自问，直到我发现了这样一个事实：我的投资人要付给我们"1 加 20"（1% 的管理费加上 20% 的超额收益）帮助他们管理资产。我的工作不是去当老好人，不用在意要始终保持平和。比市场表现好不算什么，因为我们的工作不是去获得相对收益，而是无论市场下跌多少，我们都要取得绝对收益。我们的目标是要做出最好的业绩，因此我们对市场上其他优秀基金管理人的动作始终保持高度敏感。我曾公开表示，我希望自己成为全美国业绩最好的基金管理人，在很长一段时间里，我做到了。

我和业内最优秀的基金经理开展着激烈的竞争。事实上，如果让我评判包括我在内的这些最优秀的基金经理的话，仅就他们的长期预测质量而言，包括宏观和微观两个维度，最多只是平均水平。但是，在竞争强度上，我们都能获得很高的分数。

我很强硬，也喜欢自我加压，有时我说的话会显得过于苛刻和不尽公平。从某种意义上讲，每一年都是一场战争。我作为领导者，必须带领部队摆脱危险，走向胜利。但是这是一项艰苦的工作，难免会有伤亡。我努力让每个人都能人尽其才，但是也不是总能成功。我热情地鼓舞着他们不断追求卓越，只有真正理解这份苦心的人，才能承受住这份压力。我们有一个安全阀，那就是不记仇，至少我是这样的。每一天都是一个新的开始。

* * *

这种工作气氛在华尔街人尽皆知，这引发了人们对公司的猛烈批评。当我意识到，我在别人眼中是一个脾气暴躁、独断专行的暴君时，我也无法做到无动于衷。然而，我并不会因此失去自信。我知道，我的强硬会让周围的人感到不适，但是这对公司的成功至关重要。而且，我也不懂得其他的领导方法。我在完成"咆哮演讲"之后，能够迅速进入工作状态。但是，其他分析师就无法像我一样，快速放下这些情绪。他们可能会颤抖着哭泣，也可能会感到身体不适。如果以一个组织建设者的标准来评价我的话，我应该不会得高分。

事实上，我缺乏管理技巧是众所周知的，甚至一度引起一位知名精神科医生的兴趣。他是一位普通朋友，碰巧有一天到我办公室参观。他对关于我的传言很有兴趣，建议我接受"组织性治疗"，说这样会对我有好处。他建议花几个月的时间观察我的公司，然后给出建设性的意见，帮助改善公司的活力。我那天心情特别好，同意了他的提议。这样做会有什么坏处呢？没准他能帮助我更好地控制情绪，或许还能帮我提高组织能力，这样员工或许能为我创造出更好的业绩。

他开始和我的每一位重要员工进行访谈，请他们坦诚地讲述公司的情况。他们显然用了这样一些字眼："受虐的孩子""精神虐待""滥用权力""情绪障碍"等。他们中的一些人还警告这位医生:"过不了多久,迈克尔会像对待其他人一样也对你发火,然后把你赶出去。"几个月的时间里,这位精神科医生走遍了公司的上上下下。他会坐在我的办公室里,整理大量的笔记。有时他会听我们的谈话,包括对有问题的头寸的激烈争论。他观察到了公司内部的和谐与不和谐,并做了详细的报告,试图分析出公司内部存在的精神动态。没过多久,我开始感到他的存在有些无聊了。

后来有一天,因为一笔明显有问题的投资,我对一位分析师特别恼火,开始了跟平时一样的责难。"你怎么会错得这么离谱?四个多月了,这只股票差点害死我们,而你却一直说一些废话,你怎么能这样呢?"对方的回答没能让我满意,于是,跟往常一样,我涨红了脸开始嚷嚷,而那位倒霉的同事只能无言以对。此时,这位医生打断了我。"迈克尔,"他平静地说,"你先冷静一下,在生气之前先做一次深呼吸,我们能找到更好的方法。"我简直受够了。我让他趁早滚出去,然后把他推出了办公室。也许我有点阴阳失调,只能采用这种方式来管理公司。随便吧。

不用说,这种充满杀气的紧张环境,不是所有人都能接受的。事实上,这些年来,我的很多员工要么因为业绩不好,要么因为承受不了这份压力,纷纷走人了,好像我们公司有个旋转门,员工进门之后就会转出去。这让我们成了华尔街上的"黄埔军校",我们很多离职的员工,后来都创办了自己的对冲基金。有个笑话:"你在斯坦哈特那儿干了多久?"然而,许多以前的员工(通常是最好的员工)说过,为我工作期间是他们成长最快的时期。这些"黄埔军校"的学员记住了我教给他们的东西,他们跟着我学会了如何赚钱,这会一直陪伴着他们，远远长于他们疗伤的时间。

约翰·拉坦齐奥是一个跟随我多年、经过历次战斗幸存下来的员工。1979年底，在我休假回来不久，他就加入了公司。他是一个真正自学成才的人，高中没有毕业，英语水平反映出他是在皇后区阿斯托里亚的意大利社区长大的。但他是一个热情、可爱又慷慨的人。他最大的优点是无私，这让他和一大批市场专业人士成了好朋友。因此，他不仅和华尔街大公司的资深交易员和分析师们混得很熟，还和很多基金经理以及经济学家们谈笑风生。

作为我的首席交易员，约翰扮演了重要角色。鉴于他拥有良好的人际关系，除了执行我的交易指令之外，他还要收集各方观点。约翰发挥的最重要的作用，是能够适时地激发我的斗志，这一点无人能出其右。当我对其他员工的态度有点过火时，他也能起到缓冲作用。他天生的乐观，在公司里面制造出一种积极的氛围，抵消了由我带来的沉闷。约翰很幽默，他有一套话术，能让人听过三四遍之后依然发笑。他的段子好像百科全书一样。他在办公室里对女性的高谈阔论充满了善意的幽默，因此他说什么大家都能接受。

* * *

公司的另一个特色就是着装随意，大家都穿便装上班。如今，包括摩根士丹利和高盛等公司在内，大家都认为，在职场上，哪怕是在金融行业，也是可以穿便装的。在这一点上，我们从一开始就领先业界。由于我们是一家以高压著称的公司，我说服自己，穿套头衫和沙滩裤，可以在一定程度上减轻压力。这算不上衣着光鲜。有时，重要的投资人会造访，比如瑞士银行家，他就会看到我们这个花花绿绿的团队，这让我有时候也会有点冒冷汗。

实际上，我们的办公室总是充满了轻松、低调的氛围，尽管其他人可能不会这么赞赏地形容。20世纪90年代，我们的交易室看上去和战场差不多，我们把多余的桌子摞起来，箱子堆得到处都是，屋子都被挤满了。电话挤满了办公桌，放不下的就放在地上。报价屏上的跑马灯不断闪着，电视不断发出刺耳的声音，对讲机到处都是，不用说，大家都在喊叫。由于我们为所有员工提供免费午餐，因此有些饭菜会一直摆放到下午。当有新人加入公司时，必备的办公用品包括：一张桌子（可能在大厅里）、一部电话，如果他准备好了，还有一根计入日常损益的专线。

不久之后，朱迪就拒绝到我的办公室去了，因为她无法忍受脏乱差。当我们最后从第三大道39街搬到时髦的麦迪逊大道时，有人问我要不要带上我们那块又破又旧已经快秃了的棕色地毯，朱迪直接帮我否决了。

和其他对冲基金富丽堂皇的年度投资人大会不同，我们反对铺张浪费。在早年，我们的年度"盛会"会请投资人坐在租来的折叠椅上，并为他们提供苏打水、花生米和薯片。一般情况下，他们对会议的内容都很满意，特别是对我们的业绩表现非常满意，因此他们都毫无怨言。不过，在公司成立20周年的时候，我还是在大都会艺术博物馆的丹铎神庙举办了一场盛会。我居然让自己乐在其中了。

* * *

为了减轻我们疯狂的工作压力和紧张气氛，我试着营造过一些轻松的氛围。我的幽默有点像闹剧，也透着点不成熟，但是这常常能够缓解积攒了一天的压力。我最喜欢的消遣是在临近收盘的时候虚构一笔交易。有些经纪人会没头没脑地打来电话，就为了拉一单没什么价值的交易。如果我接到这样的电话，特别是这个经纪人还很强势的话，我就会在临近收盘时告诉他："去买 5 万股的格鲁姆（Grumm），不超过 47 美元。"我把要素都说清楚了，除了股票代码，我是故意的。然后我立刻挂断电话，不给对方核实代码的机会。他会马上打电话过来，先打给交易台（他们当然不知道这笔委托交易，因为根本就不存在），然后打给我的秘书，她会告诉对方我去洗手间了。在临近收盘时，这个经纪人似乎有很多委托没有完成，肯定非常焦虑。在收盘前的几分钟里，他还会火急火燎地打来电话。这时我会接过来，语速飞快地说："晚了，如果你没有在 47 美元以下成交，就去按市价买吧。"然后，我再次迅速挂断电话。这个经纪人当然还会再次慌乱地打来电话，因为马上就要收盘了。我会等到收盘铃声响起之后，再接这个电话，为当天的交易落下帷幕。收盘之后，我会索要成交报告。

这时，他会紧张地说："我这边出了点问题。"

我会说："没事儿，把成交报告给我就行了。"然后我就会挂断电话。之后，交易台上的每个人都会笑着给他打电话。

过了一段时间，由于这种恶作剧过于频繁，很难再这样玩了。幸运的是，我有备选方案。例如，一家公司合并或者倒闭之后，这家公司的名字还会留在大多数经纪人的脑海之中。因此，我可以下单要求买入金贝尔公司、蒙哥马利百货公司、辛克莱石油公司或者其他已经不能再被交易，但是听上去又像是那么回事儿的股票，这些委托单会被送到纽约证券交易所等待交易，结果等来的是严厉的斥责。

我还有一出拿手好戏，效果也很好。由于我们的成交量很大，我们成了高盛、美林和所罗门兄弟等机构大宗交易公司的最大佣金来源之一。有时，我会和资深交易员谈判并达成一笔交易，而对接我们公司的销售员却并不知道我已参与其中。这位销售员的任务，是在大宗交易出现的时候，电话告知各大客户。

他会打来电话："我们以 24 美元的价格卖出 50 万股福特汽车，你想买一点吗？"

我会回答："福特汽车？我全包了！"

于是这位销售员会在他的交易室里狂喊："我全包了！"

然后交易员会大声回应他："给你 20 万股，你代表谁？"

"我代表斯坦哈特。"

然后，我会听到电话那边传来一阵骚动，有叫喊声，还有笑声，还会有人说："你个傻子，他就是卖家！"

* * *

对于一个连续 28 年年化收益率超过 30% 的投资人来说，这一时期的"本垒打"（上涨一倍、两倍甚至更多的股票）是非常少的。我一直很羡慕那些能够买入股票，然后忽略波动，通过长期持有获利数倍的人。这十分优雅且潇洒，不但无须忍受交易带来的紧张，并且还可以享受长期投资的税收优惠。哎，我几乎没用过这种方法，我挣的都是辛苦钱。我会一再重复这句玩笑话:"我的投资风格是'快刀斩乱麻'。"我也常常希望能够不再这样。

我倾向于把自己看成是一位看重基本面的价值投资者,但是很多时候,我都会过早卖出。这并不是对伯纳德·巴鲁克的恭维,他曾经说:"我是靠过早卖出而发财的。"我这种疯狂的交易方式,往往导致丢掉赚快钱的机会。我在IBM上的做法就是一个例子,这样的例子简直数不胜数。

1993年中,我们开始买入IBM的股票。当时华尔街的多数分析都不看好,普遍认为IBM已经失去了竞争力。这只股票一直没能从1987年的股灾当中缓过来,因此不受华尔街的待见。我喜欢不一样的观点。虽然我不懂技术,但是我还是去努力了解复杂的计算机行业。我发现,随着IBM不断冲销大笔的坏账,加上它的整体优势,无论出现什么问题,它都必然会恢复到之前的状态,只是无法确定需要多久的时间。郭士纳刚刚走马上任,担任董事长和总经理。我是第一批到纽约阿蒙克IBM总部拜访他的投资人之一。郭士纳得知我不仅是他的支持者,并且还是大股东之一时,非常高兴。

我们刚开始买入时,股价非常低迷,但我们坚持了下来,在股价不断走弱直到触底期间,都在持续买入。有些时候,我们好像是全市场唯一的买家了。之后,股价转头向上,我们在上涨途中继续买入。原本计划买入2000万股,但是在新买家进场之前,我们只买了700万股,毕竟周遭的负面情绪也会对我产生影响。华尔街非常不看好IBM,当然这就是股票和股市形成底部的过程。

我们提前买入了 700 万股。六个月后，我们的投资收益率约为 30%，虽然收益还不错，但这时 IBM 只是刚刚开始上涨。和往常一样，我们的问题在于，卖出得太早了。在那个时点，市场的观点都转向了，转而看好 IBM。于是，资金开始流入，之后几年股价一路上涨，基本上就是一条直线。我到底是聪明、愚蠢，还是仅是早了那么一点？

有时候觉得，我卖出过早的原因是，通过智力上的挑战把事情做对，这种成就感远远超过了金钱的回报。一旦市场证明了我的判断是对的，我就对赚钱的底线不那么坚持了，我已经准备好迎接下一个想法了。IBM 长期低迷令我感到兴奋，能够战胜华尔街的错误观点，让我感觉良好。当股价出现反转的时候，我已经做好准备寻找新的目标了，这次挑战就此结束。和趋势相比，我更喜欢抓住反转的机会。当其他人都认为 IBM 是一个好的投资机会时，我却早就离开了，这对我来说确实是很不幸的事情。

沃伦·巴菲特曾经说过："如果你不愿意持有一只股票 10 年，那么最好连 10 分钟都不要持有。"事实上，我从来没有持有一只股票超过 10 年，但是我有过持有一些好公司 10 分钟的经验，并且获利颇丰。

* * *

20 世纪 80 年代中期，我们开始和公司外部的基金经理建立联系，特别是那些具有专才，比如擅长做空的基金经理，他们可以加强我们的组合技能。有一个叫费什巴赫的小组，由来自加利福尼亚州的三兄弟组成，一度非常擅长寻找他们所谓的"终极"做空标的：那些造假的、即将破产的或者具有重大财务瑕疵的公司。他们经常成为一些公司的报复目标，因为他们揭穿了这些公司的老底。费什巴赫成功地发现了一批这样的公司，比如佳能集团、洛城装备（L.A.Gear）和库柏公司——我们在这些公司上面赚了接近100%的收益。他们还做空了一些储蓄贷款公司，比如地标土地公司（Landmark Land）和查尔斯·基廷的那家臭名昭著的林肯储蓄信贷银行，我们在这些公司上面也获得了很好的收益。

公允地说，费什巴赫至少建立了一家与众不同的公司。一方面，他们都是基督教科学会的信徒，这是由科幻作家罗恩·哈伯德创立的宗教组织，其宗旨是帮助人们摆脱心理问题。我一直搞不清楚基督教科学会是如何帮助他们做空的，但是他们在很长一段时间内的业绩都很好，我们委托给他们的一笔不大的资金，也获得了很好的收益。1991年，他们邀请我乘坐他们的挑战者号喷气式飞机，当时我就应该预见到，他们的好日子快结束了。很少有基金经理能够凭借过度自信、科学幻想和财富外露，取得持续的成功。

我们历史上最失败的一笔做空，是做空小型购物旅行俱乐部CUC国际公司。我们的分析师赫布·陈对这家公司做了大量扎实的分析，他的结论是，这家公司的盈利高增长是不可持续的。此外，他还肯定这家公司使用了激进且不合规的会计方法，简单说，就是做假账。我们从1989年开始做空这只股票，和其他项目一样，我们没指望能做多大，只是把这家公司当成有一个财务造假、业务存疑的三流公司。

但是，和许多驱动型的公司一样，CUC的管理层非常聪明，也很有说服力，他们拿出了一份复杂而含糊的商业计划书。CUC 把复杂的财务报告变得简单易懂，并且把很多机构投资者拉了进来。一个季度又一个季度，赫布都在预测这家公司将会崩溃，但是他错了。我像往常一样咄咄逼人地不停折磨拷问他。然而，他始终保持坚定，他说自己从来不会"用屁股做空"，他很了解这家公司。尽管做空的头寸越来越让人感到痛苦，我也在内部会议上变得越发暴躁，但是我依然加大了做空力度，我相信赫布是对的。

很多股票都会因为过度投机或者股东结构而暴露出问题，但是 CUC 没有。和其他更具有投机性的做空相比，比如那些振幅惊人的科技创新股或者生物技术股，做空 CUC 是一种钝刀割肉的煎熬。在这种情况下，我们做空了数百万股。

1992 年，CUC 开始了一系列旨在扩张和重塑公司的并购计划。赫布相信，这些并购是为了掩盖不断恶化的基本面，但是他也认为，管理层也有可能会实现他们的目的。毕竟，到目前为止，他们都是成功的。我们其他的做空头寸，最后都会听到一声巨响，而这笔却只听到抽泣声。我觉得赫布是正确的，但是我们不能再忍受这家公司的下一份季度盈利报告了。因此，我们平掉了一半的头寸，之后又平掉了剩下的一半。在隧道尽头的光线逐渐黯淡的时候，我们认输了，平掉了做空三年以来的最后一股，最终亏损了 5000 万美元。

这就是做空的痛苦。在之后的几年里，CUC 继续着折磨人的历程，尽管已经没有我们做空的噪声了。然而，在 1997 年底，CUC 与亨利·西尔弗曼经营的另外一家暴涨的公司合并了。几个月后，这家更名为胜腾（Cendant）的公司出现了财务违规，这都是 CUC 的老部门造成的。证券交易委员会的审计结果，验证了赫布一直以来的怀疑。这家公司从成立开始就开始造假了，去年的谎言要用今年更大的谎言去圆，因此造假的雪球越滚越大。当造假的数字过大无法掩盖时，CUC 就收购其他公司；当数字再次变得过大时，CUC 就再收购一家更大的公司。最后，这成为史上著名的财务造假案。这家公司虚增利润 5 亿美元，给投资者带来了 190 亿美元的损失。但是这对我们来说，并不算什么安慰。

大约在这个时候，我们加入了纽约的世纪乡村俱乐部（Century Country Club）。这是一个由德国犹太家族建立的俱乐部，在美国久负盛名。斯蒂芬·伯明翰的经典之作《我们的族群》(Our Crowd)，描写了其中几个名门望族的故事。我们加入俱乐部，是希望我们的孩子能在俱乐部中交到新朋友、参加一系列新活动。我们对于把孩子们带到城市生活心存疑虑，毕竟贝德福德的环境更有利于孩子们的成长。

名为《韦斯特切斯特》的杂志发表了一篇文章，介绍了我的"退休生活"。文章登了一张照片，拍的是我家的菜窖。这篇文章的题目是《现在还缺什么？》，描述了我离开能够赚钱但是令人感到空虚的金融市场的故事。

我决心花更多的时间好好陪伴家人。我很喜欢这些以前在纽约无暇顾及的家庭事务，比如一大早起来，跨过一个街区，送我的大儿子戴维去圣伯纳德学校。当我知道戴维要在中央公园参加班级活动时，我会偷偷藏在公园的大树后面，防止被戴维发现。如果他的同学看到我在公园里面鬼鬼祟祟的，戴维会很尴尬。我很享受地看着儿子在体育课上自得其乐地玩耍。我对儿子怀有无限的爱意，但是当我看着他参加体育活动时，也会带有一种竞赛的心理。我希望他能够在体育方面超越我。我和大儿子的感情一直非常亲密，而我的希望就是能够更好地表达这种感情。只要条件允许，我都会藏到大树后面。

有几天，我的日程表上没有安排。我感受到了一种新的自由，这和我之前的生活太不一样了。纽约是一个丰富多彩的地方，我可以去博物馆、看电影、参加讲座，等等。然而，没过多久，我发现其他人都在从事着有价值的事情，而我不在其中，这让我产生了负罪感。

我开始筹划一些新的活动，拓展新的兴趣。我报名参加了一个只

| 第 13 章 |

涉足政治

"不要问国家为你做了什么,先问问你为国家做了什么。"肯尼迪的这句名言激励了在 20 世纪 60 年代长大的一代人。的确,它帮助我们形成了公民意识。因此,在 20 世纪 80 年代中期,当我有意开拓华尔街之外的兴趣时,政治当然少不了。我并不想参加选举,而是希望能够贡献并传播一些我认为很重要的理念,我相信这些理念有助于政治对话。

20 世纪 60 年代,在周围都是布鲁克林自由主义者的情况下,我支持了巴里·戈德华特。我憎恶那些纽约政客的左倾做法,包括即将当选的市长约翰·林赛,他们在倡导民权方面缺乏诚意。此外,这些自由主义者对于他们眼中的宏大计划对金融和财政的长期影响并不了解。当时在纽约政坛弥漫着自由主义,以及民主党的抱残守缺,他们坚持的那些成熟的规则就快要烂掉了。这场由罗斯福在 20 世纪 30 年代发起的政治运动,已经持续了近 30 年的时间,尽管缺乏新的活力,但是仍然广受欢迎。因此,在 1964 年的总统选举中,我投票给了戈德华特,算是我对周围大量左倾分子的抗议。美国的左翼运动在 20

世纪60年代末达到顶峰,那时正值理查德·尼克松执政,由于我早期的保守主义是"超前的",因此在当时非常合适。

渐渐地,在20世纪七八十年代,全世界开始向右转,而我开始慢慢左倾。不管我的意识形态如何,我发现站在选民的层面看,民主党更被人同情,尽管我身处距离主流民主党很远的右翼。今天我持续向左转,而世界持续向右转,但我相信,不会太远了。20世纪80年代中期,我的这种转型正在进行,我郑重地加入了新成立的民主党领导委员会(民领会)。

成立这个委员会的目的,主要是把民主党带回它的历史正轨上。在里根时代,民主党变得十分自由化,对多数中间路线的美国人失去了吸引力。在20世纪80年代,民主党被少数族裔和其他特殊利益群体所把持,变成了一个由黑人、西班牙裔、工会、女权主义者和老年人组成的政党。为了迎合特定的派系集团,民主党变得越来越边缘化。与此同时,共和党已经成为美国中产阶级白人的政党。为了应对1980年和1984年的选举失利,民领会成立了,目的就是要弥合这种分裂,让民主党重新回到政治中心。不过最初,委员会只培养了温和派(多数是南方民主党人),比如阿尔·戈尔、萨姆·纳恩和查克·罗布。这些南部民主党人又吸引了更多的南方民主党人,比如路易斯安那州的参议员约翰·布鲁。我对布鲁参议员在新奥尔良带领民领会跳舞的情景记忆犹新,他跳舞的样子好像在领导一场狂欢游行。他是一位热情的政治家,注定要做一段时间民领会的领导人,但是我最羡慕的,还是他的舞姿。

我参与民领会,是因为我们对美国的未来抱有相同的愿景。对于民主党内的一些人(尤其是诽谤者)来说,民领会有点类似于共和党。

这种类比根本没有抓住民领会的重点，民领会的宗旨是要致力于构建一个新型的政府：既不是自由主义的，也不是保守主义的，而是进步主义的。相比之下，主流共和党人的眼光似乎很狭窄，他们几乎就是纯粹的保守主义者。民领会，特别是其董事会，是由非职业民主党人组成的，他们和政治理论家一起，努力提出新思路，帮助民主党成为进步的中坚力量。"温和派民主党人""中间派民主党人"和"新民主党人"这三个词，都是民领会提出来的。我很快就成为民领会当时最大的资助者，连续 10 年每年至少捐赠 25 万美元。很早我就当上了民领会的法律主席——我们设有两个主席，一个负责法律事务，另一个负责政治事务。我还当上了民领会的智囊团主席，这个机构叫作"进步政策研究所"。

我最喜欢探索和发展新想法，我发现这个过程和一切学术研究一样，都具有启发性。把自己的理想和当下的政治现实进行结合，是非常有益的事情。这些想法包括：国民服役、财政约束（平衡预算）、所得税抵扣、政府特许学校、扩大贸易（北美自贸区、关贸总协定和永久正常贸易关系）、福利改革、城市开发区和改造政府。我很惊异这么多的想法能够迅速进入国家的政治对话当中。我感到民主进程得到了极大的肯定，在此之前，这一切对我来说都只是纸上谈兵而已。

民领会的董事会在华盛顿特区举行定期会议，由我主持。参会人的背景五花八门，但有一个相同点，就是都很有钱。我们来自全国各地，有些人更保守一点，有些是温和的自由主义者。大家的年龄和宗教背景也不相同。有些人有丰富的从政经验，也有人和我一样毫无从政经历。我们的目标是把民领会成员提出的想法进行梳理和提炼，以便能够进入到政治对话当中去。经常会有民选的官员出席会议，但是他们的贡献有限。这个董事会充满了活力，大家能够求同存异，从交流当中获益。虽然在很多方面都有不同，但是我们为了党派和国家的利益，走到了一起。我们为自己的创造力感到骄傲和自豪。一群在爱国主义鼓舞之下的公民，创造着革新的思路，充满了勃勃生机。

1989年初，民领会主席阿尔·弗罗姆和我商量为我们的组织寻找一位新的政治领袖，来接替来自佐治亚州的萨姆·纳恩议员，因为萨姆的主席任期即将结束。阿尔提到了一个我从未听说过的人选，让我很意外。他说："我要去小石城会见比尔·克林顿市长。"我很快了解到，克林顿上一次公开露面是在1988年民主党全国代表大会上发表了一次冗长的演讲。由于过于冗长，他遭遇了政治上的困境。更糟的是，他有着南方民主党人一样的自由主义名声。阿尔·弗罗姆说："我想让他担任民领会主席，因为他是我见过的最优秀的政客。"我分析了一下克林顿的左倾自由主义和我们的宗旨之间的差异，但是无论如何，我相信阿尔的判断，我准备支持他。

一周之后，克林顿接受了，于是我们踏上了新征程。虽然我们和他之间的观点不一致，但这似乎并不是什么障碍。或许是因为我们已经准备向像克林顿这样具备领袖气质的领导人妥协。

克林顿属于温和派民主党人，但是他对政局的看法和民领会并不一致。他的经济政策支持"大政府"，改善阿肯色州教育环境的做法、参加民权运动的记录，以及与越南战争有关的活动，都清晰地展现出他的特点。从历史上看，他显然是一个自由主义者，我们判断，他的妻子也是如此。阿尔·弗罗姆来自印第安纳州的政治世家，是一个犹太小胖子，在他决定为克林顿进行政治包装之后，克林顿才开始改变。

* * *

第一次见到比尔·克林顿，是在我的公寓里。我安排在一个晚上招待克林顿和萨姆·纳恩，他们和阿尔一起从伦敦过来。我还邀请了其他八对夫妇，我认为他们可能会对民领会感兴趣。克林顿穿着花哨的牛仔靴来了。纳恩在国家安全和国防事务中很有名望，所有客人都认识他，于是他成了当天的主角。但是当天晚上结束的时候，克林顿吸引了我们所有人，特别是女士们。这群女人都被克林顿迷住了，而纳恩站在旁边，几乎被忽视了。

那次见面后不久，克林顿就开始不时地给我打电话，我们有时会聊到深夜。纽约时间晚上 11 点过后，电话铃响了。我拿起电话，接线员操着浓重的阿肯色口音说："晚上好，斯坦哈特先生。这里是市长办公室，先生。如果您愿意的话，克林顿市长想要和您通话，先生。请稍等，这就为您转接市长。"我等了一会儿，克林顿拿起了电话。"嗨，迈克尔，你好吗？"他的声音有时很活泼，有时则显得有些疲惫。

我们会讨论影响民主党或者民领会的一些事情，民权运动领袖杰西·杰克逊也是我们的谈论话题。有一次，弗罗姆、纳恩和克林顿决定不让杰克逊在 1991 年的民领会上发言。他们认为杰克逊是国家的自由主义象征，而民领会正要跨过自由主义的问题。尽管如此，由于民领会里的黑人成员不多，如果不让他发言，有可能会被扣上种族歧视的帽子，那就很麻烦了。阻挠杰克逊给克林顿带来了政治压力，他对这种可能性表示了不安。克林顿的另一个电话是关于中东政策的。基本上，在这种深夜谈话中，我们会讨论克林顿所想到的一切问题，我就是这样了解他的。

* * *

克林顿在阿尔·弗罗姆的带领下，将民领会的宗旨和他全国性的清新形象结合在了一起。他成了"新"民主党人的化身，先前的自由主义者们看到了光明的前景。到了 1992 年大选的时候，我们都很兴奋。克林顿起初默默无闻，民主党在他身上押宝本身就是一场豪赌，但这也证明了弗罗姆的政治智慧。我们感到，我们正走在正确的道路上。我们还认为，比起往年，我们有更大的获胜可能。显然，我们把民主党拉回到中间路线是对的，而克林顿对此进行信息传递的效果也远超我们的预期。随着竞选活动的进行，我听说克林顿推出的民领会新版宣言引起了热烈的反响。作为知名度最小的民主党候选人，他具有超凡的领袖气质，能够引起公众的极大兴趣。人们经常拿他和肯尼迪进行比较，他真的有近乎完美的天赋。

在把克林顿推向全国的过程中，我们对进展充满希望，但是我很快发现，在此过程中出现了我不愿意看到的另外一面。我认识的几个华尔街的人积极地为克林顿争取政治捐款，因为他们得到了许诺，如果他们能够筹得一定的资金，一旦克林顿当选，他们便能够得到大使的位子。其中一个人坦然地公开了他的筹资目标以及这能为他日后带来的个人前途。在我深入了解了这个把戏，并且发现克林顿是如此精于此道之后，我开始感到不快。我发现，参加这次竞选的很多人，包括民选的政客和民领会的职业人士，根本就不关心所谓的治国方针，他们的目标是将个人利益最大化。可能我太单纯了，成为总统的主要筹资人或者支持者，对我没有吸引力了。

比尔·克林顿于 1992 年当选，民领会的人都认为这是我们的重大胜利。除了克林顿的个人魅力之外，是民领会从 20 世纪 80 年代中期以来形成的长期思路，帮助他赢得了大选。但是，从当选开始，新总统就和民领会划清了界限，民领会的职业人士几乎都得到了他们想要的政府职位。克林顿总统实施的政策和总统候选人克林顿所描述的政策大相径庭。民领会已经成了他的过去式，和他的前途不再有任何关系了。他的内阁名单以及他的早期作为，都说明克林顿根本就不是"新"民主党人。我开始意识到，克林顿根本没有前后一致的哲学核心。对他而言，我们之前为进入政府而付出的努力和想法，只是他的棋子，而复辟左倾路线，也只是他的一步棋。

事情没有好转。克林顿前两年的表现让人失望，首先是军队的问题，然后是医疗服务失败的问题。再之后，是任命内阁成员和法官时的极端自由主义。很明显，希拉里在左右克林顿，她在掌控权力。我意识到，我在民领会的工作和思路，已经被新政府毁坏殆尽。民领会的其他成员也有同感，于是我们开始组建"第三路线"。作为一个独立的运动，"第三路线"并没有走下去。我记得曾与当时的参议员比尔·布拉德利会面，询问他是否有兴趣在民主党内部领导这样一场运动。当我说完这个提议之后，这位七尺男儿从我办公室的一侧走到我的面前，扑通跪下，说："我还想在政坛上做点事情，我不想政治自杀。和自己党内的当选总统唱反调，就是自杀。"

我和民领会的关系日趋复杂。人们常说，政治是妥协的艺术，而我在商场上几乎从不妥协。很多民领会的董事认为要忠于党。对我来说，最重要的是思路。有些人忠于克林顿，但我不是。

在 1994 年的中期选举中，民主党遭遇了惨败，主要是因为选民对克林顿失望了。1995年，民领会在华盛顿召开了大会，当时我正在旅行无法参加，但是当我从电视上看到比尔·克林顿作为主宾出席时，我知道这不是我想要的，于是我立刻辞职了。这个行为有些草率，反映出我天真的理想主义，但我更看重思想的纯洁性，而不是政治上的利害关系。事实上，我所认识的绝大多数民选官员，都不重视思想和思路。

回想起来，我承认自己确实不是搞政治的材料。从哲学上讲，我经常用非黑即白去看待事情，而政治是灰色的。政治是说服、妥协和结盟的艺术。我曾希望把能够测量的绝对事物应用到政治领域，就像股市里的业绩一样。奇怪的是，我们建立"第三路线"的努力，连同这个名词，都被克林顿总统吸收了，并成为他第二任期的重要表述。事实上，他有非凡的学习能力，能够从他早期执政时的错误当中吸取教训，并最终和民领会的人重新建立了联系。

我在参与政治方面还有其他障碍。我的股市生涯让我习惯了短期结果。每天交易结束之后，我都可以通过损益表去寻找我需要知道的信息。而在政治上，这样做只会带来挫折。政治变革需要以年为单位进行筹划，并用更长的时间去实施。并且，我也不确定一种思想要经过多久才能验证是成功还是失败的。阿尔·弗罗姆说过，政治是一个零和游戏。人们看待金融市场也是如此。

克林顿的总统任期肯定会成为持续讨论的话题，但是毫无疑问，他是美国历史上最伟大的沟通者之一。在他面前，人们不由自主地对他心生尊敬和爱戴。此外，基于经济、股市、全球化进展和其他衡量福祉的指标来看，克林顿的总统任期是成功的。但是，作为国民的榜样，他是失败的，而我认为这一点非常重要。他作为榜样的品质，会比他对经济的贡献，被人们更为长久地记住。

民领会和进步政策研究所独立于克林顿政府，在20世纪最后10年当中，促成了美国政治对话当中的诸多变革。民主党的政策发生了改变，从重视再分配变成了重视增长，从重视福利变成了重视就业，对犯罪从宽变为从严，从"大政府"变为"再造"的小机构。这些思路为世界上任何一个中间偏左、想要重新执政的政党提供了范式。我相信这会长期延续下去。

* * *

我对比尔·克林顿的一个故事记忆犹新。1992年竞选期间的一个晚上，我和阿尔在纽约"美国地盘"餐馆吃饭，竞选活动很顺利。克林顿出人意料地成了民主党候选人。阿尔也被认为是了不起的政治战略家。

我们还没开始吃饭，阿尔的助理就去接电话了。当她回来时，脸涨得通红。她和阿尔耳语了几句，阿尔看上去有点不安。我看着他们俩问道："出什么事了？"

阿尔示意他的助理可以告诉我。"我刚听说，"她说，"明天《明星报》(Star)会写一篇关于一个叫詹妮弗·弗劳尔斯的女人的文章。她要讲述她和比尔·克林顿之间长达12年的婚外情。克林顿会进行否认。"

我听明白了，我看着阿尔说："你认为这会是真的吗？"

他也看着我，笑着说："迈克尔，比尔一直是个胃口很大的男人。"时间自会证明一切。

| 第 14 章 |

人生中最惨的一年

20世纪90年代早期,我们的资本金大幅增长,投资的每一个项目都很成功。我们的业绩非常出色,连续三年超过60%,这让我们重新得到了外界的认可。过去十年的牛市让许多人变得富有,也让人们对激进型的基金产生了兴趣。似乎每一个"成熟的投资者"都想参与对冲基金,也许是因为这样才能体现出他们作为对冲基金要求的合格投资者的排他性的身份吧。一时间,对冲基金火了。我们公司遭到了潜在投资人的围堵,他们恳求参与投资。我只要出现在公共场合,一定会被潜在投资者包围,他们恳求我接纳他们的投资。这很容易让人飘飘然,我当然也未能幸免。

除非限制规模,否则一家业绩优秀的对冲基金将会迅速成长,取得内部资本回报率和声誉的双丰收。1993年,我们推出了第四只基金,斯坦哈特海外基金,这也是我们的第二只离岸基金。我们现在管理着约50亿美元,这在当时是一个天文数字,放到今天也不是小数。随着资本金的增长(一方面由于我们的出色业绩,另一方面由于我们对新的投资人放开了额度,尽管额度有限),我们开始在更大的市场中进行运作，现在已经成为全球性基金，同时我们还继续运作庞大的国内股票投资组合。我们逐渐转向"宏观"领域，这个词用来描述投资于全球股票、债券和货币市场。随着时间的推移，我在涉足的市场上都取得了成功，这让我以为自己的投资能力和判断力是放之四海而皆准的。这可能是由快速的成功带来的自负。

此外，我们在国内市场上的头寸，特别是中小市值公司的头寸，已经难以对投资组合产生实质影响。我们的挑战是，要找到足够大的投资机会，运用我们日益增长的资本金，提升投资组合的总体表现。我们需要正确的观点，并且还要在每个观点上面投入足够的资金，这样才不辜负我们花费了大量的时间去进行研究。让一笔 2000 万美元的投资，比一笔 200 万美元的投资更具优势，并不一定要花更多的时间研究。

随着信心不断增长，以及管理资产规模不断扩大，我们开始招聘具有全球投资经验的人才。我们增加了国际投资组合经理、分析师、经济顾问和"智囊团"的职位。让智力资源和财务资源保持协调，是非常重要的。似乎一夜之间，我们需要一支能够在全球市场上进行分析和投资的团队。

在早期阶段，这种扩张总是充满了风险。我从来就不是一个优秀的人事经理，现在却要带领 100 多人的团队，在全球范围内的金融市场上进行交易。随着资产的增长和交易地点的扩张，我想要掌握每一笔交易的难度越来越大。

我常严肃地说，我决不会在一个我不知道区号的国家进行投资。但是现在，我却发现自己正试图投资一些位于遥远地带的初创公司，包括巴西、委内瑞拉、摩洛哥、津巴布韦，甚至是苏联。忽然之间，凭借团队和全球化的视野，我开始积极交易法国CAC40指数、德国DAX指数和日本日经指数。通过衍生品，我们做空了美国、日本和德国股市的波动率。除了国际股票市场，我们还可以进入固定收益市场，包括我们熟悉的和陌生的市场。很不幸，我们就这样无畏地一条路走下去了。

在欧洲，货币联盟引起了激烈的争论。这种不确定性为法国债券及期货、德国债券、意大利债券和西班牙债券创造了投机的机会。我们对加拿大和美国、英国和德国、意大利和西班牙的国债进行了套利交易。我们在法国、意大利和日本进行了利差互换。我们对欧洲大部分国家、澳大利亚、新西兰、日本和其他国家的债务进行了单向投资。我们还大胆进入外汇市场，进行了多种货币的交叉交易，包括德国马克/瑞士法郎，英镑/日元和德国马克/法国法郎。我们对美元将会持续走强下了大笔资金的赌注。每天我的损益表都有30多页，读起来就像二战期间的德国密码本。更复杂的是，我们计算风险的方法虽然准确，但是冗繁且已经过时了。我发现自己需要努力去了解六个月之前没有听说过的公司。

国际市场上的许多新机遇，让我们能够运用更大的财务杠杆。此外，华尔街因为牛市的成功而出手阔绰，低成本融资随处可见。新的衍生品比比皆是，全部的资金都运转了起来，在投资组合当中发挥着隐形的杠杆作用。

我们用1%的保证金买入巨量债券，然后质押循环买入。也就是说，1亿美元的债券，我们有时只需要出资100万美元就可以买下。到了1993年，我们比任何时候都自信，我们的国外债券投资组合达到了300亿美元。债券价格波动一个基点（一个百分点的百分之一），我们就有1000万美元的盈亏。从国王资源公司算起的话，或者从20世纪80年代我们第一笔成功的债券投资算起，我们已经取得了长足的进步。

1993年是绝妙的一年。由于我们运用杠杆大量买入欧洲债券（主要是德国国债和法国政府债券），我们的收益率达到60%。到了四季度，美国经济飙升，促使美联储五年以来首次上调短期利率。1994年2月4日，第一次加息25个基点，这让我们和其他加杠杆的债券投资者措手不及。我们错误地以为，我们对利率前景的乐观展望能够持续下去。由于我们的杠杆率很高，加息的后果很严重。

美国的债券市场开始下行，但是和欧洲市场相比，美国国内债券的损失还算少的，因为欧洲市场的流动性更差。在欧洲，人们担心德国央行会停止当前的宽松政策，因而引发抛售。美国加息使得美国债券相比其他国家的固定收益品种更有吸引力，于是市场开始震荡并急剧下行。随着流动性的枯竭，欧洲债券出现暴跌，这让我始料未及。此外，我们还在一些新兴债券市场持有少部分头寸，这些标的也都崩溃了。

在这种时候，出逃的大门处会异常拥挤。我们很快发现，有太多和我们一样的"投机客"（其他对冲基金）在欧洲债券上押了相同的赌注。他们和我们一样，也缺乏经验，因此加剧了流动性的枯竭。在利率持续下降的时期，许多对冲基金行业的人在海外的投资都取得了成功，胆子也变得更肥了，于是他们冒险进入了更新、更广阔，也更低效的市场。简言之，欧洲债券市场的交易非常火爆，而我却忽视了这个事实。

更糟糕的是，头部的经纪公司，包括信孚银行、美林、J.P.摩根和高盛的优先交易席位上也出现了同样的外国债券头寸，而我们的头寸和他们的头寸高度重合。通常情况下，经纪人会通过做市提供充足的流动性，即使在危急时刻也是如此。但是如果交易席自己也有头寸需要处理，就会和我们竞争抛售。雪上加霜的是，在此期间，阿斯金资产管理公司（一家专门从事杠杆配资的公司）倒闭了，这迫使一些大公司进一步缩减做市规模。突然之间，原本没有关联的事情，都搅和到一起了。

有一件事情怎么强调也不过分：对我和其他对冲基金来说，全球债券市场是一个相对较新的金融领域。我对很多市场，包括美国市场的流动性、投资限制和杠杆水平都很熟悉，但是欧洲市场是全新的。由于我们的团队是新组建的，相对缺乏经验，因此我们在这种竞争当中根本没有优势。在不知不觉中，我们膨胀的信心诱使我们在这些市场里玩得过大。我在美国股市几十年培养出来的直觉，在这些市场根本无效。我曾经为自己能在大多数投资当中占据优势而感到自豪。然而，在一个我不熟悉甚至根本就不想知道区号的国家，我被困住了。

在这些市场中，根本就没有美国国内那样的信息流。此外，我还不清楚自己在知识链上的具体位置。在预测地缘政治和经济趋势方面，我既没有竞争优势，也没有智力优势。那些通常能够在美国国内市场上引起警戒的信息，现在都在遥远的大陆上飘着。而我只能依靠那些从未和我一起在战壕里打拼过的人。这就是典型的灾难。

我错误地估计了头寸的流动性，在面对大量卖盘的时候，只能割肉。交易者都知道，在市场收紧的时候，他们会不惜代价卖掉手里的一切。讽刺的是，在我们需要流动性的时候，其他人也正需要，因此没有多少人能够卖出。

我们惊异地看着屏幕，看着一波又一波的卖家纷纷认输。每个人都在寻找买家，但是根本就没有买家。在 2 月份给投资者的月度报告当中，我写道我们已经下跌了 20%，但是还有很多头寸没有出清。我的交易员们极度震惊，他们希望现在就是最坏的局面，但是由于我们和大多数投资者都没有卖出去多少，噩梦还远未结束。当市场开始下跌的时候，我们卖出了一些债券；当市场下跌更多的时候，我们卖出更多，依此类推。更糟糕的是，我们每次卖出时，好像整个华尔街的人都知道我们在卖，于是都加入进来。

凯恩斯说过："市场保持非理性的时间，会长于你保持偿付能力的时间。"因此，很少有人能够不在大跌当中受伤，特别是那些大量加杠杆的人。哪怕对一个标的再有信心，当它暴跌形成亏损的时候，人也会感到郁闷，而持仓本身也是暴跌的牺牲品。价格代表了一切。显然，暴跌的结果往往就是让人在底部清仓。这就是恐慌和杠杆的潜在影响，我们经历过了。

但是，如果把我自己简单描述成流动性紧缩或者市场以外转向的受害者，也是不对的。如果把我定义为受害者，那也是因为我自己的傲慢和自负，这或许是赢过太多次的结果。最后，我要为自己认为能够征服全球市场而负责，我忽视了自己的局限，我对自己的失败感到震惊和惭愧。

我还错误地认为，我在全球多个市场的持仓，能够帮助我的投资组合实现真正的多元化。假如真是这样，一定能够降低投资组合的总体风险。在市场遭遇压力的时候，不相关的市场几乎不可避免地突然相互关联起来。我应该从 1987 年的股灾当中吸取过这个教训，但是我给忘掉了。全公司上下没有一个人的判断能让我放心，我再次感到孤独。

我们终于在 3 月底完成了投资组合的清仓。刚刚开年三个月，我们就亏了大概 30%。我从未如此沮丧过，这种感觉比 1987 年的时候更糟。那次崩盘只是利润回撤，我们最后还是有盈利的，但是这次我们亏本了。这是我们的基金经历过的最大一次亏损。我们仅有的其他亏损年份是 1969 年和 1972 年，每年大约亏损 1.5%。我忘记了基金管理的基本原则，那就是保住本金。

《华尔街日报》大标题宣称我亏损了 10 亿美元。记者们围着我发问，他们想知道亏损这么多钱是一种什么感觉。我已经麻木了，不知道自己的情绪了。我害怕接到每一个提问的电话，回答记者的问题本身就是一种痛苦，何况这还要让人分心去疲于应付。多年以来，我的投资者一直非常支持我，我和他们成了很好的朋友。尽管遭遇了挫折，他们依然鼓励我，这反而让我感到更难过。在我的职业生涯中，我的投资者一直都是模范，很少有例外。没有客户能比他们更忠诚了，他们的精神和支持始终激励着我。但是在此期间，真正的安慰只能来自家人。朱迪和孩子们努力地安慰我，这并不是世界末日。特别是戴维，他刚刚接触投资行业，多少对当前的事情有些了解。他的支持在一片荒芜之中横空出世，但是即便如此，也依然是不够的。

* * *

在这场令人沮丧的灾难中，一天深夜，我在家里接待了几位客人。我们刚刚从庆祝戴维 25 岁生日的仪式中回来。那天，我的律师团队刚从华盛顿证券交易委员会回来，他们带回了一些不好的消息。有一项始于 1991 年的政府调查突然转向严厉，我们公司被正式指控参与垄断了两年期美国国债市场。证券交易委员会、司法部和其他政府机构的说法是，所罗门兄弟公司、斯坦哈特合伙公司和布鲁斯·科夫纳管理的卡克斯顿公司在 1991 年 4 月和 5 月买入了超出限额的两年期国债。具体来说，他们指控我们串通买入大量债券，然后控制市场。我们否认在持有大额国债头寸时犯过任何错误。

我们早在 1990 年中的时候，就开始对美国国债进行大量投资了，这是因为我相信利率会走低。我上次进军债券市场已经是九年以前了，但是我感觉机会又来了。面对疲软的经济表现，联邦政府除了降低短期利率外，别无选择。1990 年，我们的判断被证明是对的，我们的债券表现良好。随后在 1991 年初，随着沙漠风暴行动的胜利结束，人们普遍预测经济将从衰退中强劲复苏。但我认为这些预测过于乐观了。随着股市的上涨，我们增加了股票的空头头寸，同时我们在债券价格下跌的时候，增加了债券的多头头寸。从 3 月份开始，收益率曲线的变化，让我们重点关注了两年期国债。我反复测算，尝试了一段时期内不同的利率条件，运用收益率曲线进行杠杆套利，以最小的风险获得最大的收益。事实证明，我的判断是正确的，不仅正确研判了经济环境，而且还把握住了两年期国债的投资机会。我们继续买入美国国债，并积极认购了 4 月和 5 月的两年期国债。

然后，在 1991 年 6 月，政府开始调查价格操纵，或者称之为串谋。据称，所罗门兄弟公司和它的三个主要客户，朱利安·罗伯逊管理的老虎基金、乔治·索罗斯管理的量子基金和斯坦哈特基金，共同串谋操纵了 4 月和 5 月的两年期国债交易。1991 年 8 月，所罗门兄弟公司披露，其代表客户在国债认购中进行了虚假投标，于是政府的调查范围进一步扩大。老虎基金和量子基金被排除在外了，但是对我们的调查仍在继续，现在又把卡克斯顿公司卷了进来。

美国证券交易委员会给所罗门兄弟公司、卡克斯顿公司和斯坦哈特合伙公司的关键人物发了传票，这引发了很大的骚动，主要和所罗门兄弟公司有关，该公司的高管被迫辞职，甚至为此还举行了国会听证会。沃伦·巴菲特担任所罗门兄弟公司的新董事长，并在会上承认所罗门兄弟公司连同客户（包括我们）实际上持有了相关国债的 94%。尽管在大多数情况下，"垄断市场"是合法的，但是依然有人指控我们串谋，造成了市场上国债流通量的减少。

最终，一大批散户提出了一系列集体民事诉讼，最后综合成一起诉讼，起诉所罗门兄弟公司、卡斯顿公司和斯坦哈特合伙公司。他们认为，这是一个零和游戏，由于我们串通，减少了债券的交易流程，导致他们的空单亏损了数百万美元。

调查进行了两年多，跨越了 1992 年和 1993 年，会议不断。我们的律师把我们所有的会议记录、谈话纪要和跟国债交易相关的详细资料，全都交给了政府。这个过程耗费了大量的时间。最后，1994 年 3 月，在欧洲债券市场崩盘让我面临一生中最惨痛的亏损时，三家被卷入调查的公司同意达成和解。我们都不承认有罪。我在 1994 年 3 月 31 日的《华尔街日报》上发表声明称："我们这次和解，目的是减少长期诉讼程序带来的负担、花费和干扰。公司没有参与任何不当行为。"

最终我们向证券交易委员会和司法部缴纳了民事罚款，以减轻持续调查带来的负担。最后，斯坦哈特合伙公司承担了总共 7000 万美元的罚款和费用。虽然我们始终否认有过错，但是我们到了不得不妥协的地步。旷日持久的诉讼分散了我们的注意力，让我们难以招架。

接下来，我们内部开始讨论，如何在合伙人之间分摊这些罚款和费用。最后决定，用普通合伙人的基金份额支付全部罚款和费用。于是，我支付了 75% 的罚款。我们的投资者没有为罚款和费用支付一分钱。

尽管面临国债丑闻，我们的债券投资还是给投资人赢得了丰厚的回报。从 1990 年中期到 1993 年，我们从利率波动当中赚了 6 亿美元。对经济、利率和收益曲线的把握，让我们更为激进地加杠杆，就像 1981 年和 1982 年一样。我们公开表达的关于利率和经济的观点，都具有坚实的依据，我们敢于下更大的赌注。这为我们的投资人带来了丰厚的回报，尽管丑闻让我深受其害。

这次丑闻及其后果，给我带来了意想不到的问题。查尔斯·戴维森，一位普通合伙人，因为不当买入国债，以及后续处理的问题，离开了公司。查尔斯为公司做出了很大贡献，他是一位垃圾股专家，曾经主导了多项成功的投资项目，包括让我们获利丰厚的日光公司（Sunbeam Corporation）。由于他高超的投资技巧，我很尊重他。

除了因要求苛刻而声名在外，我还以对员工慷慨而著称。在 1994 年之前，特别是在 1991～1993 年，我们公司赚到了很多钱，主要来自债券投资。在这三年当中，我们的平均收益率约为 60%。由于我们的大部分盈利来自国债头寸，因此在 1994 年的那个艰难时刻，当有合伙人拒绝支持我的时候，我会感到烦恼。这真是我投资生涯中最糟糕的一年。

记得在耶稣受难日当天，我异常沮丧，几乎不能正常工作。朱迪说我看上去很糟糕。我的朋友告诉我，我的身体看上去不太好。我的合伙人从未见过我这副模样。故事的高潮就是，我亲自处理过的每一件事都出了问题。

2月份一开始，我们遭遇了大额的债券亏损。3月份，国债丑闻带来了巨大的负担。之后，合伙人之间的争论让事态进一步恶化。到了夏天，我们依然未能顺利调仓，我已无能为力。我对自己生气，对政府拿一个在我看来根本无罪的案子来折磨我们而生气，对离开我的合伙人生气。我不敢去办公室，但是我别无选择。我开始想象着离开这里了。但是还有一个问题，由于我的职业特点，我不能在一个业绩糟糕的年份抛下我的投资者。

最终的数字证明了一切。到了年底，我们亏损了31%，这一年我们亏了一大笔钱。1987年，我亏了全年的盈利，但是保住了本金。而在1994年，我亏了本金，哪怕之前辉煌了这么多年，这次失败还是影响了我的生活，我已无暇顾及其他事情了。对于这样一个糟糕的年份来说，唯一有用的只能是擦干泪水、从头再来。

我必须努力重新审视一切。毕竟，从1967年7月我们成立斯坦哈特-法恩-伯科威茨公司开始，一直到1993年底，我们的基金年均收益率达到了33.5%。尽管如此，1994年依然让我感到痛苦，好像我的整个投资生涯都失败了。我不由自主地感到，我的人生价值就取决于持续赚钱的能力。那么，当我赔钱的时候，我还有价值吗？

| 第 15 章 |

斯坦哈特不干了

我时常说,在斯坦哈特合伙公司工作,就像在美国职业棒球大联盟打球,而我就是那个教练。从新员工入职的第一天起,我就会立刻给他们击球的机会,鼓励球员站在击球区,用自己喜欢的角度将球击出。我能够比别人更迅速地看出一个球员能否在我的队伍中做出贡献。其他公司会有六个月到一年的试用期,而我们却不会,球员可以立即上场参战。我会通过新球员参与球赛的方式以及阐述参赛计划的方式,挑选高素质的人才。如果他们表现不好,我并不会横加指责,这只说明他们不适合这里。我的严苛和高标准是出了名的,所以那些来了又走的人并不会难堪。当有人离开的时候,我会尽一切努力帮助他找到一份好工作。

对我来说,最重要的底线是业绩。我需要为客户带来优秀的业绩回报。为了实现这个目标,我要寻找行业内最优秀的人才为我工作。我为自己设定的目标往往有点不切实际,那些令人望而却步的高标准让很多人饱受折磨。然而,我认为无须为此道歉。

同理，我也意识到，正如美国职业棒球大联盟的球员一样，即使是最优秀的球员，也一定会有退役的时候，每个人都会有自己的巅峰期。尽管我才 54 岁，但是我现在比以往任何时候都强烈地感到，是时候退出了，我已经完成了自己的使命。此时此刻，我的投资生涯已经在华尔街留下了一笔。代客理财已经无法像以前一样，带给我精神上的回报了。我已经实现了全部的梦想，赚到了远超想象的钱，还创造了非凡的纪录。我越来越觉得事业的高峰不如以前高，而低谷却越来越低。当然，1994 年是低谷中的低谷。1987 年已经够糟糕的了，但是我依然能够东山再起，之后又创造了六年的成功。而在 1994 年，我们惨败。1987 年让我产生了动摇，1994 年则彻底把我击溃。我失去了一些再也找不回来的东西。

1995 年初，我决心弥补上一年的亏损，但是没有一个清晰的计划，为此我有些不安。况且，这么多年以来，我一直未能建立一个能够独立于我领导之外的高效组织，这让我感到有些挫败，甚至有些绝望，没有人能收拾这个烂摊子，没有接班人。太多时候，我都是一个人在表演，我厌倦了这样！这些年，我雇用了很多有能力的人，但我始终无法把投资决策完全放权给他们。过去，我曾经考虑过要把公司交给我的合伙人，但是我没有信心把投资者的钱也托付给他们。斯坦哈特合伙公司的行政部门由赫布·纽曼负责，直到他去世。之后由丽莎·阿德奥接任，年复一年平稳运行，基本没有人员变动。但是优秀投资经理的选、用、留是一个长期存在的问题，我把这归咎于自己不切实际的期望。

到了 1995 年的春天，我向几个重要的合伙人表达了我的忧虑，讨论了关闭公司的可能性。我不会考虑卖掉公司，我无法想象以我的名字命名的公司由别人经营。几年前,德雷福斯公司曾经发出过收购要约,要收购我们公司的少量股份,被我拒绝了。后来,我们和美林合作,发行了一只规模最大也最赚钱的封闭式基金。临近发行的时候,我改变了主意。我无法接受这样的事情,那就是斯坦哈特在财经报纸上出现,却代表了一个不由我本人掌控的公司。在我的职业生涯中,我始终对公司的业绩负责。当投资人把钱委托给我时,他们知道是在投资于我——我的直觉、经验、热忱和灵魂。因此,我无法想象有人以我的名义,在我不参与的情况下进行交易,除非这个人是我的儿子戴维。

随着时间的推移,我开始考虑如何享受生活。我可以轻松地想象出未来的优秀业绩和巨额回报。在争分夺秒的氛围里,在紧张的投资行业中赚钱,是一种乐趣——既不深刻,也不深邃,只是有趣。我现在认真考虑的另一个选择——离开这个行业,好像是我以前常开玩笑说的,走进深渊。如果我真的离开,我当然清楚自己的期许是什么,但是这对于几十年如一日的生活来说,意味着什么呢?我不知道。日复一日,我犹疑着。如果关掉公司,把几十亿美元的资产还给投资人,我就离开了创立28年的公司。一个人把毕生的心血都用在一门生意上,在他退休的时候,生意通常会卖给别人,或者传承下去。而现在,我要关门了,放弃多年创造的价值和收入,我会把我的名字也一起带走。我曾经休假了一年,因此这可能是我第二次和我的公司告别,但是这次告别之后,我不会再回来了。"你会扣动扳机吗,迈克?"我的首席交易员约翰·拉坦齐奥问我。我无法给出确定的答案,事实上,我也不知道,我每周都会改主意。我继续与律师和公司骨干开会,试图做决定。而在现在这个时点上,我最关心的是从1994年的坑里爬出来，我必须为投资人把钱赚回来，我不能在投资生涯中唯一亏损的一年退出。我们必须把钱赚回来，我们也做到了。

6月份，《福布斯》将我描述为"懊悔的空头"，或者更准确地说，是"不情愿的多头"。在我们的股票投资组合中，有相当一部分仓位是蓝筹金融股，如学生贷款营销协会、联邦国民抵押贷款银行、美洲银行和第一联合银行。我的单笔最大投资是汉华银行，在它宣布和大通银行合并的时候，我持有270万股。我也看好保险行业，这是一个成熟的行业，已经具有合并的条件，这种合并甚至会对银行业产生威胁。因此，我持有大量保险股，包括埃特纳和旅行者。这些持仓标的都很好，我们要迎来一个好年份了。

我还没做最后的决定，对于退休的可能性，我始终守口如瓶。没有任何公开迹象显示，我会离开公司，尽管我经常和好友讨论这件事情。退休的可能性带来了投资期限上的限制，这给投资带来了额外的压力。显然，我必须对流动性保持敏感，以便在必要时将投资组合变现。这就像一场只剩几分钟结束的橄榄球赛。

到了9月份，我们的基金增长了22%（年终时涨幅为26%），这个业绩为我去做自己想做的事情创造了条件。我下定决心了。我们已经挽回了1994年的大部分亏损，我的投资人都很高兴。我可以轻松地把钱分配给他们了，是时候扣动扳机了。

公司里很多人都多次听说我会退出，以至于我成了那个喊"狼来了"的孩子。我并没有受到影响，我总是乐于公开谈论一些问题，包括相当敏感的问题。我知道，尽管困难重重，但是我必须走出1994年的阴霾，重新找到胜利的状态。现在我要遵从内心的决定，别人说什么已经不重要了。

我们在斯坦哈特合伙公司工作的所有人，这些年都赚了很多钱。我为投资者赚到了其他基金经理无法赚到的高额回报，年复一年创造华尔街的最高回报。我为自己取得的成绩感到骄傲，为自己被人称为"传奇"的职业生涯而兴奋，但是，离开的时间到了。

可以说，我是这个行业里的佼佼者之一。现在，我要重新开始，去做一些和商业无关，但是能够给我带来更多满足感的事情。我决定做一件思考了很久的事，去努力创造和留下一些挣钱之外的遗产。我要投身于最能够引发共鸣的事业，那就是犹太人的未来。10月初，我告诉我的普通合伙人，我要向公司、华尔街和公众宣布，我要退休了，并且要关掉全部斯坦哈特旗下的基金。

* * *

10月11日上午，我召集了公司全员，包括合伙人、交易员、分析师、投资组合经理和后台人员，在大会议室里开会，朱迪也参加了。

就在正式宣布之前，我已经让我的合伙人给经纪人们打了电话，提醒他们即将发生的事情。最重要的是，要让经纪人们知道，做这个决定不是因为投资组合出了问题。大概有12个重要的经纪人从我的办公电话中获悉了我要关闭公司的秘密消息。在开会的同时，我们发布了一份新闻稿。

我站在讲台上，看着满满一屋子的人，他们当中有许多人已经为我工作多年，仍然希望我能在最后一刻改变主意。我没有准备讲稿，开始了脱稿讲话。

"对我来说，这是一个非常艰难的决定。"我说，"我热爱这个行业，很难从这里离开。但是，经过长期的思考，我还是艰难地下了决心，将在12月底关闭公司。"

因为我之前一直在考虑这件事，但是没有付诸实施，所以房间里的很多人都不相信我真的会做出这个决定。当我讲话的时候，有些人开始哭了。这是一个让我动容的时刻，我在说话时尽量控制情绪，保持镇定。

"这份事业一直是我的生命，"我继续说，"但是，是时候进入到下一个阶段了。我会想念你们的。我也会想念这份事业，但是该散场了。"

* * *

我的声明引发了媒体的广泛关注，这让我感到受宠若惊。金融报刊和纽约的日报报道了我退休的事情。纽约一家报纸用了一个简单的标题："斯坦哈特不干了！"引言是这样写的："迈克尔·斯坦哈特于昨天宣布离开华尔街，引发了轰动，这意味着金融行业中最辉煌的职业生涯结束了。"其他各种文章则详细描述了我的业绩历史，其中最广为引用的统计数据让我很高兴：1967年投资给我的1美元，将在1995年关闭公司的时候，变成481美元。如果投资标准普尔指数基金的话，这个数字只有19美元。我的一位早期投资人，芝加哥商人理查德·库珀告诉《时代周刊》，28年前他投资的50万美元，在公司关闭时，已经变成 1 亿多美元。

10 月 15 日，《华盛顿邮报》刊登了回顾我职业生涯的文章。这篇文章包含了一大段我对投资的看法："多年来，最困难的事情，是鼓起勇气挑战当下的主流意见，是形成和主流观点不同的想法，然后为此下注。难点在于，投资人不应该用业绩衡量自己，而是应该用市场的公正指标进行评价。市场自有主张。从直接的、感性的角度来说，市场永远是对的。因此，你如果持有不同的观点，就总会在一段时间内，受到市场上传统观点的攻击。"

《华盛顿邮报》也问及我的市场观和世界观。"我想我们正处在一个伟大的牛市之中，这是一个非常大的牛市。"我说，"在我们有生之年，此时此刻，军事占用的资源处于最低水平，人均寿命达到最高水平。世界上的独裁政权已经为数不多：伊拉克、伊朗、利比亚和古巴。从各方面来看，世界变得更加美好了。我们正在享受美国和全世界的红利。这就是你们需要认识的，大牛市的背景。"

自 1995 年以来，我们持续经历着一场非同寻常的大牛市，股票价格上涨到了惊人的水平，这是我在关闭公司时不敢想象的。尽管当前（2001 年）我们处于多年以来的第一个熊市，但我相信，当前的世界依然处于历史上最好的时期。

* * *

就这样，我关闭了公司。我们的管理人员都拿到了遣散费。和以前一样，我对员工很慷慨。我们需要有些员工坚持到年底，到那时，每个人都会有新的工作。事实上，我的员工根本不缺工作机会。

除了处理内部问题之外，我们还要完成全部投资组合的清算，以便在年底正式关闭斯坦哈特旗下的基金时，能够分配大部分的资金。清算工作很顺利，从10月到12月，我们把85%的资金分配给了投资者。到了1996年1月10日，我们已经将90%的资金进行了分配。到了1996年4月，分配比例超过了95%。那些无法结清的头寸，进入了特别账户，包括暂时不能出售的以及附带债务的头寸。在清算过程中，我坚持要把每一笔头寸都卖在最高点，为此我感到很苦恼。就像我投资生涯中的每一笔交易一样，我希望我的投资人能够以最好的价格实现退出，在这件事情上，我是不会将就的。这就是我经营斯坦哈特合伙公司的方式，从头至尾，直到经营的最后一天。

* * *

　　公司关闭之后，朱迪和我去度了两周的假。我必须要面对退休的事实了。退休之后，我保留了自己的办公室，但是员工人数大幅减少，没有交易员为我工作了。在回来后的第一天，在惯性之下，我还是做了和往常一样的事情。我坐在办公桌前，盯着彭博终端上闪烁的股价，决定进行交易。但问题是，没有交易员替我下单。于是，我拿起了那部使用多年的连通高盛的专线电话。"我是斯坦哈特，"我对着经纪人说，"我要买一些标准普尔的期货。"然后我告诉他我的委托事项。和以前一样，我会绕过交易台直接下单。我仔细核实了他对委托单的复述，然后挂掉了电话。

　　没过多久，我的首席行政官，也是我忠实的员工丽莎·阿德奥告诉我，我在高盛已经没有账户了，全部的账户都在年底公司关闭时销户了。

"我该怎么办呢?"经纪人在给丽莎打电话时问她,"他已经下了委托单,但是没有账户,你们所有的账户都销掉了。"

"那就再开一个户!"她说,"他是迈克尔·斯坦哈特,他又交易了,这是他自己的事情。不管他下什么样的委托单,你知道,他都会赚钱。"

几周之后,我又雇了一位叫哈伊姆·罗森贝格的交易员,帮我进行交易。我从13岁起就开始交易了,根本停不下来,哪怕我退休了。

* * *

我开始把个人资产投资委托给不同的管理人进行运作。他们在为不同的对冲基金工作,尽管我希望只用尽量少的核心管理人,但是名单上的人选还是很多。他们当中很多人都曾经为斯坦哈特合伙公司工作过,或者在我们交易活跃时为我们管理过资金。当我成为一个老人之后,我的投资目标变得保守了,我希望每年能够稳定地获得15%的收益。事实上,我希望每一年都不要亏损。我对市场的基准不太敏感,更倾向于选择适度、安全的绝对收益。

退休后,我有时会读到一些关于股市即将崩溃的文章,文章里说,有太多的投资新手、年轻的分析师和基金经理进入了华尔街,这些人没有经历过完整的牛熊。我认为这种担心是有道理的。然而我还清楚地记得我26岁时的样子,那时我成立了自己的公司,以为能够征服世界。今天,当我看到某个年轻人身上也迸发出同样的火花时,我承认，我会更青睐于他，而不是那些更有经验的基金经理，尽管他们已经掌管着超过几十亿美元的资产，非常自信地知道金融行业的轮回。历史会重复，但是并不会简单重复，并且肯定会超出你的预料。我的从业经验够丰富了，我知道，过去的经验不一定能够适应未来。

事实上，最近投资领域，特别是对冲基金，取得了惊人的发展。最优秀最聪明以及次等优秀次等聪明的人，都在涌向华尔街。我忍不住去思考这背后的含义。可能更准确的事实是，过去只有少数人管理对冲基金，而现在对冲基金已经普及了。我曾经为自己的高收费标准感到有些不好意思，但是今天这些初出茅庐的 30 岁左右的年轻人，收费比我还高。根据我一贯采用的逆向观点，此时应该要做空对冲基金行业了。

让我惊讶的是，虽然我仍然认为在股市当中进行投机是有益的事情，但是我对资产管理行业的兴趣已经降低了。在我的人生中，我把大部分精力都放在了这上面，在一个理性的世界里进行探索，是一件很有满足感的事情。但是现在基金经理的谈话让我厌倦。也许这很正常，但是在我工作期间，我身边的社会关系几乎都是金融行业的人。退休之后，随着时间的推移，我已经很少和华尔街的朋友来往了。有时，当大家谈论市场的时候，我会感到似曾相识，然后努力岔开话题。然而，没有什么能比在股市中的出色业绩更能给人带来成就感了，但那些都已经成为遥远的回忆。

1995 年之后，我一直继续着零星的交易。对我来说，交易本身是让人上瘾的，虽然我正在戒除这种瘾，但是还没有完全成功。我不会用太多的钱，仅有几次例外。似乎我真正的目的是营造一种紧张的感觉，而不是为了赚钱。从这个意义上讲，我已经非常成功了。

| 第16章 |

父亲去世

在父亲一生中的大部分时间里,他身体一直都很健壮,且积极乐观。我认为他就像是达蒙·鲁尼恩笔下的狠角色,他会在夜晚游走于他工作多年的珠宝区47街或者百老汇大道上,他的那些赌友、自作聪明的朋友、哈西德犹太人和花花公子们,会像老朋友一样和他打招呼。

但是父亲也有温柔的一面。他很爱他的母亲,并且曾经交代过,等他去世以后,要把他埋在他的母亲身旁。他每年都会去祭奠他的母亲,对自己的兄弟姐妹和家庭成员都很慷慨。钱对他来说就是一种工具,他喜欢花钱,最大的乐趣是给别人送礼,有时甚至会把一些贵重的物件硬塞给别人,当然这样做也带着一种炫耀的成分。我会陪他一起去他母亲的墓地,那里有一位虔诚的老人为赶来祭奠的人们做祈祷。人们通常会给他5美元,最多10美元,但是父亲会给他一张百元大钞。这种慷慨是众所周知的。

对我来说,父亲对我的人生影响巨大,即使在我成年之后。他在70岁那年搬到了拉斯维加斯,最近几年仍十分忙碌。他在拉斯维加斯郊区买了一栋宽敞的西班牙殖民时代的房子，房子的后院有游泳池。他和苏珊·吉罗一起住在那里，她是父亲多年的朋友，虽然并不容易相处，但是总的来说，他们在一起很幸福。

退休后，父亲靠他在珠宝生意上赚的钱生活，也通过我去做投资赚点钱。和同龄人相比，父亲在晚年是比较富裕的，总是抢着买单。之所以搬到拉斯维加斯，是因为他还在继续赌博，认识很多老赌徒，关系很好。他们喜欢坐在赌场的休息室里，除了那些让他们难忘的赌局，还会一起回忆过去的时光，那时并没有现代法人制企业的氛围，赌场会给客户发放"招待券"，和客户的关系也充满了人性化。

父亲每天都去赌场，他对赌博充满了爱恨情仇，总是输多赢少。事实上，这些年来，父亲输掉了上百万美元，但是这并没有让他停止赌博，反而促使他不断探索新的赌博方法。他不断研究分析各种赌博技术和策略，一定要找到一种方法，即使不能赢钱，也要尽量提高赌技。在他人生的后期，饱受输钱折磨的他，终于找到了一种方法：去赌场只赌三把大的（不超过三把），如果输了，扭头就走。但是他并不能够始终遵守这条纪律。他只赌三次，是因为他认为赌的次数越少，输钱的概率就越低。有时，他和苏珊会在老虎机旁边坐上几个小时，在那里他可不会输太多钱。

赌体育比赛是父亲的另一种消遣。他喜欢看棒球、橄榄球、篮球和拳击，但是只有在下注之后，才会关心比赛的结果。每周我至少和父亲通一次话，从他的心情变化，就能够看出他下了多大的注，输了多少钱。他经常输得很惨，和他当对家，是能够发财的。父亲的朋友告诉我，有一次他在最后一分钟输掉了篮球比赛赌局，一气之下一脚踢进了电视。我记得我们在看橄榄球赛的转播时，在最后几分钟输掉比赛赌局之后，父亲会大发雷霆。这种暴怒的频率之高是惊人的。他赌的球队会在比赛的大部分时间领先，但最后输掉一两分。这样痛苦的事情持续发生着。对父亲来说，赌博意味着输钱，但是他依然坚持赌博，只有上瘾的人才会这样。

* * *

在拉斯维加斯的头几年里，父亲的生活很充实。他会去赌场，去参加社交活动，去旅行。他特别喜欢去加利福尼亚州的圣莫尼卡，住在靠近海滩的旅馆里，沿着太平洋散步。他喜欢加利福尼亚州的天气，可以花几个小时在圣莫尼卡的码头坐着喂鸟。

在 80 岁的时候，父亲的健康状况开始恶化，我知道他是精力充沛的人，不忍心看着他这样衰弱下去。突然之间，父亲的健康问题频发。几年前治疗过的淋巴瘤复发了，还伴有黄斑病变，两眼几乎失明。他的听力也退化了，近乎耳聋，还患上了带状疱疹。在他生命最后的四年里，他无法用剃须刀刮左侧的脸。此外，他还有前列腺癌。

父亲经常对"黄金年代"这个词冷嘲热讽，他会用粗粝的声音说："黄金年代，什么黄金年代？都是胡说八道！"

父亲的朋友们会告诉我，他为我感到非常自豪，尽管我从未听父亲亲口对我说过。他把这些好话都留给别人了。他们还告诉我，父亲非常喜欢自己的孙辈，这是我最喜欢听的。但是对我，父亲有点反复无常。他还经常会问我的身家是多少，好像对我告诉他的数字很感兴趣。

父亲经常批评我，他经常抱怨，在我们两个人多年来的交易当中，我没能带给他足够的回报。当他这样想时，他就会说我不感激他当初对我的"资助"。我猜测，我应该也是他的一个赌注。在最初的几年里，他曾经给我大笔的钱去投资，这让我的资产管理得以起步。但是，我总会给他更多的钱。

父亲的病让他越来越虚弱了。在85岁多的时候，他的白细胞数量过多，前列腺也让他倍感煎熬。他对于医院的不信任，让情况变得更加复杂。在医院里，如果感到心情不好，他就会毫不犹豫地扯下输液管，然后跑出去，这种事情很常见。他不喜欢医院，也讨厌受到限制，如果医生让他等上五分钟，他就会非常生气。

* * *

最后一次见到父亲，是在他去世一个月前。和以前一样，我飞到了拉斯维加斯，但这次行程特别艰难。当我见到父亲的时候，他的病情已经明显恶化，人已经气若游丝了。他几乎什么都看不见，什么都听不见，我不得不冲着他大声喊，但也只能对着他的左耳喊，因为他的右耳已经全聋了。最麻烦的是，他还要忍受疼痛的折磨，我在房间里看着他，倍感难过。

苏珊对父亲的照顾很细致。父亲需要持续的护理，但是苏珊又找不到人可以帮助她。父亲不喜欢别人的照顾，即使这样是为他好。苏珊看上去很累，我满怀着同情和感激，但又有些无助。她深爱着父亲，在最后的困难时刻，依然悉心照顾着父亲。

这次见面，父亲谈到了我们过往的关系。他躺在床上，非常虚弱，看上去像个幽灵。父亲重复了以前对我说过很多次的话，他用尽力气，但是依然气息微弱。"我们都会犯错误"，他说，"我们做过后悔的事情，我知道你很难向我表达你的感情，这让我很难过，迈克尔，这让我很难过。但是我这一辈子已经尽力了，我尽力了。"即使在这一刻，我还是没有办法告诉他我是爱他的，我只是怀着同情听他说。

在父亲最后几年的时光里，我强迫自己多去看看他，强迫自己更多地和他联系，我这样做完全是出于一种责任感。我去看望他，是因为这样做是对的。我真的希望，我对父亲的感情能够更加自然一些。

或许是我和父亲之间的关系存在缺陷，影响了我对待孩子的方式。我对每一个孩子都充满了无尽的爱意，但我是不是已经把全部的爱都表达出来了呢？我对自己父亲的角色很敏感，有时会有意识地把自己和父亲进行比较。父亲的儿子，总有一天也要成为父亲。对儿子的严厉超过了我的预期，我为自己的情绪控制能力感到烦恼。

* * *

1999 年夏末，朱迪和我去法国南部度过了一个短暂的假期。父亲病了这么长时间，离死亡很近，但是我们没有想到，他比之前更接近人生的大限了。一天下午，我们外出散步，走了很远，回到酒店后，发现有 15 个孩子们的电话留言。朱迪意识到出事了。当我联系到戴维时，他告诉我，父亲已经去世了。苏珊匆匆送父亲到一家拉斯维加斯的医院，之后他安详离世。我不知道是哪种病夺走了父亲的生命，可能是各种病的综合作用吧。

朱迪和我飞回纽约准备葬礼。我们请人把父亲的遗体从拉斯维加斯空运了回来，这样就能够把他埋在皇后区，和他的母亲葬在一起了。在我们赶到之前，孩子们已经做好了全部的准备。8月5日上午，我们在曼哈顿上西区的河畔教堂举行了葬礼，那里距离父亲曾经生活过的灰石酒店不远。父亲已经去世了，尽管对他仍然怀着不成熟和矛盾的感情，我还是决定写一篇悼词。很奇怪，这篇悼词成文很快，我对心中这位不朽人物的怀念自然地流淌了出来。在葬礼那天，当走到教堂准备念悼词时，我几乎控制不住自己的情绪。我站在诵经台上向外看，想到了父亲。他对我来说是多么的重要，他本可以更加重要的。我还没开口，就已经泪如雨下、失声痛哭了，这是我从未经历过的。我多么渴望他能成为我理想中的父亲啊。当我还是一个布鲁克林的孩子时，会常常在夜里难以入睡，我多么希望自己能像其他的孩子一样，有一个父亲。我是多么希望自己能够爱他，但是我意识到我对他的爱并不纯粹，这种困惑始终伴随着我。

我哭了一阵子，比我感觉的要久，然后慢慢镇定下来，对着讲稿，平静地念道："我的父亲是一位特立独行的人，他的经历就是20世纪美国犹太人的经历。他出身贫寒，12岁时辍学，靠搭雨棚为生。在九个兄弟姐妹中，他是最后一位离开人世的。"

我停顿了一下，继续念道："用一句老生常谈的话来说，父亲是一位忠于自己的人。他一生中的大部分时间都在做自己喜欢的事情，去自己想去的地方。他比我们绝大多数人受到的约束都要少。他就是这样与众不同的一个人，让人难以忘怀。"

我在念稿的时候，发现手里的稿子在微微颤动着。"他抓住了机会，无论好的还是坏的。"我继续念，"他在很小的时候就开始赌博，显然他对此上瘾。这在很大程度上影响了他的人际关系、生意和人生观。我知道，他有时是不想赌博的，但是……"

我接着联系到了自己。"父亲总是很慷慨，或者应该说是非常慷慨，对我则是最慷慨的。每当我遇到重大事件的时候，父亲就会出现。因为他，我才开始对股市感兴趣；因为他，我才上了宾大，否则宾大根本不在我的考虑范围之内；因为他，我开始了投资，并且很早就有勇气创办了自己的公司。"

我努力地概括父亲的一生。"对父亲来说，行善为善是非常重要的。"我念道，"他是《红男绿女》时代的人物，是'雷乌塔'，是'红发麦基'，还是47街珠宝区的狠角色。他是最后的现金买家，是乐于承担风险的人。他语言生动、能说会道，常说'不要抱怨，不要解释'。他与众不同！"

然后，我谈到了家庭。"他深爱着他的孙辈和曾孙辈，萨拉、我的外孙雅各布和我几个月前去看望了父亲。父亲和小雅各布一起躺在床上，非常开心。在医院的最后一天，他喊着他的孙子丹尼尔，他叫的最后一个人是他的孙子戴维。"

"他还说要把重孙子雅各布培养成犹太之星。像钻石一样闪耀的犹太之星。"

"这就是我父亲，一位像钻石一样闪耀的犹太之星。"

葬礼结束后，我们在父亲的墓前举行了简短的仪式，之后父亲下葬了。这是一种结束，但并不代表完全的结束。有时，我照着镜子，仍然能够看到父亲的影子，特别是在我留起短粗的胡须时，或者从侧面看到自己的啤酒肚时，抑或在丹尼尔模仿他粗哑的声音时。

* * *

1999年夏天，我们把母亲接到了纽约里弗代尔的希伯来敬老院。在此之前，母亲一直过着相对独立的生活。她在佛罗里达州的马盖特有自己的家，1979年她的丈夫马克去世后，她在那里独自生活了很多年。在大部分时间里，她都有得力的帮手，在这些人的帮助之下，独立地生活。她喜欢购物，总是找机会给孙子孙女买衣服。她自己做饭，社交生活丰富，经常跟着她的朋友和亲戚到附近的餐馆就餐。

有一段时间，母亲轻微中风过，但是依然精力充沛、聪明乐观，她一辈子都这样。她每年都会到贝德福德来看我们几次，和朱迪用我们种的水果一起做果酱。我们都期待着她的来访。

1998年，母亲的健康状况开始下降。我去看望她的时候，就知道她的身体出问题了，她会说一些想象当中的人物，比如说房子外面有人在走动。我问她："这些人在哪里，他们是谁？"她向外看看说："就是外面那些人。"她能看到他们，但是那里没有人。

不久，母亲被诊断患有老年痴呆。她很难集中注意力，和其他老年痴呆患者一样，也会时常怀着沮丧攻击周围的人。大部分时间她是正常的，好像她还应该独立生活在佛罗里达，那是她最适应和熟悉的地方，这就是她的愿望。我们让母亲留在了那里，希望24小时值班的护工能够帮助她。一般情况下，没有什么问题。母亲很喜欢社交，总是很体面。她的健康情况虽然还在恶化，但是在一段时间内，还没有影响到她的起居。我们认真听取了护工的报告，对母亲的问题进行了评估。从医学角度来说，没有什么更好的办法了。结果我们依靠的这位护工离任了，因为母亲已经很难伺候了。于是我们把母亲接到了里弗代尔，那里离我们近一些。母亲现在还在那里，对她来说，那是最好的地方了。尽管如此，我依然感到内疚，因为母亲并不快乐。但是我却无能为力。我强迫自己去看望她，这种看望相当痛苦。母亲能够认出我、朱迪和少数的几个人。她会在知道我是谁的情况下，讲很多事情，但是大多是杂乱无章的。有时，她会很清楚地问我："我什么时候回家呢？"

| 第17章 |

生命中的两条河

回顾我的一生,回首我的职业生涯,可以看到,我的价值观和现在还在为之奋斗的目标,是两条大河的交汇:一条是古老的犹太教、犹太人和犹太传统之河,另一条是世俗的美国之河。在东欧犹太的河流中流淌的是一种宗教信仰和一种重要的文化,而在另一条河中流淌着的则是20世纪和21世纪的美国生活,夹杂着开放、社会流动和物质繁荣。我相信,我们这代犹太人都是这两条河流的产物,而在我们体内,每条河流都在汹涌澎湃地流淌。随着时间的推移,美国之河变得更强大,逐渐主宰了我们的生活,而东欧之河被吞噬了。我在生命的前50年里,沿着世俗的美国之河行走,这是我唯一的路线。而现在,我在努力地加固我的传统之河,这也是唯一的路线。

和同时代的犹太人一样,我年轻的时候也崇拜成功融入美国文化的榜样人物,他们通过政治、经济、娱乐和体育完成了这个过程。最高法院法官路易斯·布兰代斯和费利克斯·法兰克福特、纽约州州长赫伯特·雷曼,还有金融巨头伯纳德·巴鲁克,都是我年轻时引以为豪的人物。纽约巨人队的三垒手希德·戈登、我曾就读的拉斐特高中的校友桑迪·库法克斯，都是我儿时的英雄。其他的榜样就不是明显的犹太人了。我知道，肯尼迪总统的财政部部长道格拉斯·狄龙有犹太背景，柯克·道格拉斯也一样。我知道劳伦·白考尔是犹太人，还知道托尼·柯蒂斯的真名叫伯尼·施瓦茨。在更大的文化圈中，存在着一定的限制和约束，还有隐约的反犹主义。但是，我觉得在自己的生活中，还没有遇到这样的限制和约束。

今天，美国犹太人被高度同化，以至于犹太人在很多情况下都无法找到自己的同类，尤其是年轻人。每一代人都在逐渐远离自己的根。今天我所秉持的很多价值观，都来自不断壮大的美国之河，但是传统的东欧之河对我的成长同样起到了重要作用。由于在美国的世俗世界里取得了成功，我认为可以为发展美国犹太人的力量做一些工作了。

* * *

从股市退休之后，我被一种新的激情所包围，那就是犹太人的未来。在美国，大多数犹太人的慈善事业是向后看的，大家都把焦点集中在过去。受大屠杀的影响，犹太人非常害怕反犹主义。以色列建国的奇迹，和这个国家最初几年的传奇，让犹太人深受鼓舞。然而，对年轻人来说，这些都已经是久远的过去了，很难引起他们的共鸣。我希望把我的慈善事业的重心，放在肯定过往的非凡贡献上，并把它们与令人兴奋的未来联系起来。

1994年，我在退休之前，成立了犹太生活网，目的是帮助美国犹太人在高度一体化和开放的社会中蓬勃发展。犹太生活网通过教育、宗教和文化方面的尝试，努力振兴犹太人的身份，目标是面向更广大的人群，重点是那些生活在犹太生活边缘的人。这些非正统的犹太人过着世俗的生活（尽管他们属于其他教派），他们占了美国犹太人的绝大多数，如果我们要实现复兴的话，这些人必须要参与进来。

当今世界只有两个地方还保留着大量的犹太人口和繁荣的犹太文化，那就是以色列和北美。在这两个地方，生活着全世界80%以上的犹太人。而且，以色列以外的犹太人正在不断减少。事实上，和过去两千年的人口数量相比，犹太人从来没有像今天这样少。除了德国，没有一个散居国的犹太人口实现了增长。我们不会消失，但是我们的生存环境正在变得脆弱，这一点并没有得到充分的重视。犹太人从不拿人口说事，但是在某些时候，人口数量也是很关键的因素。

在过去的10～15年里，有关大屠杀的反思开始在西方的主要城市中广泛涌现。所有人都在努力让子孙后代记住犹太历史上无法言说的那一页。犹太群体都沉浸在对于过去苦难历史的回忆中，但是却不知道该如何讲述犹太传统的价值。我们正在面临一场危机。犹太教，这只下过无数金蛋的文化鹅，正处于危险之中，这是我们始料未及的。

退休后，我一直在思考该如何应对这场危机。我意识到，让犹太人沉浸在世俗的美国之河当中是一件好事，因为我们不会从美国的生活当中退出去。开放的社会是我们大多数人的选择，但是我们必须接受这种自由带来的挑战。原教旨的犹太教是建立在与世隔绝和犹太人种优越论的基础上的，我尊重这种选择，选择这样的生活方式当然是原教旨犹太人的权利。当然这种选择在某些方面也有一定的吸引力，但是这并不是多数犹太人可以选择的路线。我们刚刚经历过和正在经历的犹太美国化的结果，是一个空前富有且成就非凡的犹太人群体，这些人拥有无与伦比的权力和影响力。那些为了深度融入美国社会的犹太人，为此付出了巨大努力。目前仍有 90% 以上的美国犹太人在为融入美国社会而继续努力着。为了拯救这些主流的犹太人，我们必须发展出一种生活方式，既能够保持繁荣，又能够保持高度融合，而这并非易事。

保持现状会让我们越走越窄。如果一定会输球，为什么还要比赛呢？我决定把全部精力集中到犹太民族未来的规划上。我要投身于慈善事业中最重要的创新领域。最理想的情况是，我不但能够支持新的项目，还能够承担起新的模式。我要改变犹太群体的能力，去广泛接触那些脱离轨道的犹太人。

我把这种创新追求和一个原则联系起来：创业型慈善。显然，我应该像做生意一样去做慈善。创业者不会安于现状，也不会做稳健的投资。他们会发明新的工具，开拓新的市场，创造新的世界。创业者愿意在公司里担任重要职务，甚至会控股，以确保公司能够正常运作。在慈善事业中，这意味着一个人要成为主要或者唯一的支持者，去实现一项有价值的计划。创业者之所以甘冒失败的风险（事实上失败常有），为的是更大的收获，他们会把自己的判断力、时间和金钱，全都投到项目中，确保项目能够成功。我认为这些应该也适用于慈善事业。

由于我把大量时间、精力和金钱都投在了犹太人的未来上面，很多人指责我是一个地下教徒。毕竟，一个无神论者怎么会献身于一项宗教事业呢？我的一部分是愿意相信上帝的，我也很努力地寻找一个能让我信服的神学理论，却没有找到。但这并不意味着，我没有精神生活，我有。我致力于犹太人的未来，但是到目前为止，我没有理由不把上帝当作一个符号。我自称无神论者，是因为在我看来，作为一个无神论者，如果能够坚定地相信犹太教的价值，并且把自己和犹太人的历史和未来紧密联系起来，就可以为那些同样被神学所困的人树立一个榜样。事实上，犹太无神论也有伟大的传统，斯宾诺莎、弗洛伊德和爱因斯坦就是庞大群体中的杰出代表。

无神论或者世俗犹太教很适合我。我不会把我的信仰强加给任何人，也不认为有其他信仰的人是错误的。事实上，我很羡慕他们，从某种程度上说，甚至有点嫉妒他们有信仰。除了信仰问题之外，我觉得最吸引人的生活方式和社区，也是属于正统犹太人的，他们可以心安理得地信奉上帝。我尊重笃信宗教的人，他们把信仰当作生活中重要的组成部分和正确生活的向导。对我来说，精神生活就是力所能及地帮助别人。我的犹太身份让我和这些价值观产生了联结，它们在延续了四千年的文化中占有一席之地，我要让它们重现辉煌。

"犹太价值观"是一个很常见但是没有被定义的词。有时，它被用来指代起源于先知的《圣经》的价值观，但是这并不是一个成形的定义，不能把犹太人的理想和其他人的区别开。对我来说，扶弱济贫可能是犹太人固有的概念，有点类似于"社会公益"，这始终印在我们的脑海中。精英主义源于《圣经》对每个个体内在价值的尊重，是犹太传统的另一个瑰宝。正是这些犹太传统塑造了我的生活，培养了我的犹太自豪感。

我经常与以色列前司法部部长约西·贝林争论，他认为不存在什么犹太人价值观。他说，价值观在很大程度上是时间和地点的产物，而这两者都在不断变化。他还说，犹太人只是拥有共同的历史。这是一个有价值的观点，但是历史和价值观即使不是密不可分的，也是密切相关的。

犹太教有一个古老的节日，即安息日，这一天要和一周之中的其他日子区分开来，用于个人、家庭事务和非营利活动。有人把它看成是宗教活动，但对于更多人来讲，它已经超越了宗教，成为犹太家庭生活中最重要的传统。

我们生活在一个发生巨大变革的时代。犹太民族一直都是充满希望的民族，犹太口传经文《塔木德》告诉我们，在埃波月第九日，也就是在犹太人历史上最大的灾难日，大屠杀发生的前一日，弥赛亚将诞生。我们这一代见证了大屠杀，也见证了以色列建国。但是许多美国犹太人都已经被同化了，在这个过程中，丢掉了犹太人的很多特征。在这个同化的时代，我们应该把慈善目标设定为创造一个有前瞻性、影响深远的犹太灵魂和犹太群体的复兴。

* * *

我开始筹划能够影响那些群体框架以外的年轻世俗犹太人的事情。我成立了一个名为马克尔（Makor，希伯来语意为源泉）的中心，目标人群是那些生活在纽约的二三十岁的犹太职业人士。我在西67街翻修了一幢漂亮的五层楼房，那是当地的标志性建筑。这里将成为人们进行自己喜欢的活动的地点。在某种意义上，这里将成为一个庇护所，在这里，年轻的世俗犹太人可以遇到有着相同文化背景和宗教背景的人。楼里面有教室、讲堂、剧院和露台，春季和夏季可以在露台上社交，底下还有一个犹太咖啡馆和酒吧。

我们绝对不会对进入马克尔的人进行身份上的限制。大多数犹太人组织都给自己贴上"只为犹太人服务"的标签，但是我认为这样做会吓跑很多被高度同化的犹太人。这种"开放政策"遭到了一些旁观者的批评，但是这反映了犹太生活网和我本人的初衷，就是帮助那些已经高度融入美国文化的犹太人。和预期的一样，人们都有一个自我选择的过程，我们估计在马克尔有80%以上的人是犹太人。

由于年轻的犹太人中有很多创作者，因此马克尔在文化和艺术方面始终处于前沿位置。马克尔有专业小组，为年轻的电影人、剧作家、音乐家和诗人等提供分享和交流的平台。而且，马克尔的犹太资源可以帮助他们丰富自己的作品，犹太人的节目编排是不受限制的，只有这样才能在更广阔的文化当中，和其他热点进行竞争。

起初，我们遭到了邻居的反对，他们担心在已经十分拥挤的街道上会出现更多噪声和车辆。最后，我们说服了分区委员会，中心不会对周边造成负面的影响，于是我们得到了装修许可。1999年，马克尔开始对外开放，从那天开始，马克尔就取得了绝对的成功。会员人数持续增加，目前邮件列表上已经有超过25 000人。马克尔已经成了纽约文化的一道风景。我认为，我的贡献在于提出了愿景和资金支持，从长远来看，可以把马克尔纳入最伟大的犹太文化机构之一——92街犹太人青年会，以加强它的作用。2001年，我把马克尔捐给了犹太人青年会，这样就明确保证了它的文艺气息能够延续下去。我很自豪，我的女儿萨拉将成为它的下一任董事会主席。

我创建的另一个组织，是卓越犹太教育合作组织，它为任何能够建立新的全日制犹太学校的社区提供50万美元的资金支持。事实上，正统犹太家庭的孩子几乎100%都是要上全日制犹太学校的。我们希望能够增加非正统犹太孩子的人数，目前这部分人只有10%。全美国只有100家全日制非正统犹太学校，但是这个数字开始增长了。

此外，我们将帮助所有有需要的全日制学校提升专业技能，同时研究解决师资力量短缺的问题。犹太人的"行政服务"亟待升级，目前只有一家全国性的犹太组织在快速发展，那就是希勒尔基金会，我是希勒尔基金会的共同主席。希勒尔基金会是大多数学校的犹太捐助人，目前由英明的理查德·约埃尔领导。在他的指导下，我们成立了犹太人校园服务公司，这个机构每年招募80名左右的实习生，帮助校园里的学生"做一名犹太人"。

* * *

我还和朱迪一起在耶路撒冷建立了斯坦哈特家族基金会，由舒拉·纳冯进行管理，旨在支持意义重大的儿童事业。舒拉是朱迪和我最亲密的朋友之一，人称"耶路撒冷女王"，她为脾气暴躁的耶路撒冷市长特迪·科莱克工作了近30年，现在她发现自己又要为脾气暴躁的迈克尔·斯坦哈特工作了。特迪和我都很欣赏她的智慧。

我希望我的墓志铭上不要写满我的投资生涯。我无法像其他人那样，从这样的成就当中得到成就感，尽管那是我在家庭之外取得的最大成就。我更愿意看到我的墓志铭是：迈克尔·斯坦哈特帮助美国的非正统犹太群体重新焕发了生机。目前我还没有打下坚实的基础，但是我已经把绝大部分精力投入到这个方向上了，这也是我将持续奋斗的目标。

*　*　*

1999年春天,朱迪和我应邀到白金汉宫参加以色列爱乐乐团举办的慈善晚会。在那个3月份的晚上,我们坐在豪华轿车里穿行在伦敦的街道上,心中充满了期待。几分钟后,爱丁堡公爵菲利普亲王将在躬房(Bow Room)迎接我们和其他250多位客人。朱迪认为躬房之所以得名,是因为这里是人们向王室鞠躬的地方。她后悔没有戴上她的白色小手套,这样她就可以在伊丽莎白二世的丈夫面前,行一个恰当的屈膝礼了。其实,她从高中之后,就没有再戴过这种手套了。

我们很欣慰地得知,躬房的"躬"并不是指客人的姿势,而是指窗户都设计成了人们鞠躬的样子。无论如何,行礼的环节都被最大程度地简化了,气氛非常好。在被引荐给77岁的亲王之后,我得知他和我们一样,对保护野生动物有兴趣。他是世界野生动物基金会主席,我们就保护濒危物种的重要性交谈了几分钟。

因为我们相聚欣赏以色列顶级管弦乐队的演奏,我以为当天晚上的大多数客人都是犹太人,于是我和一位叫奇切斯特的人聊了一会儿。我和英国犹太人打交道的经历告诉我,他们没有美国人所认为的典型的犹太名字,很多人叫奈杰尔和康拉德。我当时很兴奋,于是问奇切斯特,怎么会起了这样一个盎格鲁-撒克逊的名字。奇切斯特没有直接回答我,我想他可能对这个问题感到有些局促。为了让他放松一点,我说:"奇切斯特先生,我想我们今晚的任务是相互交换身份,你拿走我的,我拿走你的。"他被逗乐了,告诉我他的名字叫约翰,说他会在音乐会之后来找我。

在躬房的招待会结束后,我们被领进一个天花板很高的大厅,聆听以色列爱乐乐团的演奏。在等待菲利普亲王的时间里，我浏览了一下客人的名单，发现自己错估了听众的宗教背景。我还发现，"奇切斯特先生"是奇切斯特地区的伯爵，而不是被盎格鲁-撒克逊化了的犹太人，这让我很尴尬。

从一个严肃的层面来说，我很高兴自己能够欣赏以色列爱乐乐团的重要演出，这个乐团成立于1936年，当时叫作巴勒斯坦乐团，成立地点是当时的君主的官邸。当亲王和随行人员入场时，我们都站了起来，乐队演奏了《天佑女王》的前四小节。当我们还在站着的时候，以色列爱乐乐团演奏了《希望》，或许这是以色列国歌第一次在白金汉宫响起。

演出非常成功。结束之后，听众们分散到几个房间吃晚饭。吃饭的时候，我想起了英国王室对待犹太人的态度，想到了温莎公爵的纳粹倾向。但在那个晚上，这些仿佛都成为遥远的过去。音乐会上莫扎特的旋律还徘徊在我的脑海之中，在这个温暖的时刻，我想起了一句希伯来谚语："兄弟和睦，何等美好，何等亲善！"这里是英国女王的府邸。

* * *

我从自己最为雄心勃勃的复兴项目"以色列生存权"当中，获得了最大的满足感。这个项目让我把我认为的慈善事业——特别是犹太慈善事业所能用到的全部模式，都付诸实践，包括对于创新和创业精神的实践。同时，这个项目还帮助我巩固了传统犹太之河，但又不会影响到美国之河，美国之河让包括我在内的美国犹太人获益良多。这些都是伴随"以色列生存权"而来的。

我们这代人对以色列抱有强烈的忠诚感。在我一生的大部分时间里，我可以用以色列替代神学，我把以色列建国的奇迹，看作是犹太民族历史上最伟大的事件之一。然而记忆会很快消退。我的孩子们只知道以色列是一个成熟的国家，而不是过去的受压迫者。他们和以色列之间没有情感上的联结，他们这代人大多都是这样的。下一代美国犹太人不可能像我们一样，对以色列怀有强烈的感情。这种鸿沟不易填平，除非发生紧急的大事件，我希望这种情况永远不要发生。人们有时会听到这样的说法：如果以色列出现了紧急事态，美国和美国的犹太人将是他们可靠的盟友。在三四十年前，确实是这样，但是我不相信以后还会是这样。

多年来，人们努力地强化美国犹太人和以色列之间的关系，但迄今为止，这些努力并没有取得多大的成果。我们没有理由对以色列犹太人与散居国犹太人之间的关系改善抱有过高的乐观态度。因此，要让美国犹太人保持犹太传统，以色列作为一个重要基础的作用越来越受到怀疑。

1997年春天，朱迪和我在耶路撒冷的以色列博物馆参加了一场筹款舞会。我遇到了查尔斯·布朗夫曼和他的妻子安迪，他们的家族控制着希格拉姆公司。多年来，我一直很钦佩查尔斯通过"体验以色列"所取得的成就，"体验以色列"是一个负责把犹太青年送到以色列参观的组织。曾经有一段时间，这个组织每年能够送一万名美国中学生到以色列，但最近这个项目多少有些趋于平缓了。

我告诉查尔斯，我想和他谈谈，于是我们两个单独走到外面。耶路撒冷的夜晚很美，我们坐在石墙上，可以看到下面城市的灯光。我向查尔斯建议，我们应该开拓一条路线，让每一个18～26岁的犹太青年，都可以到以色列旅行10天，作为他们的成人仪式。这样的旅程可以让他们在人生的关键时刻，发现自己的犹太传统和精神家园。

查尔斯说："让我们来做一件伟大而勇敢的事情吧。"

"这就是我们应该做的，"我说，"我们要继续把'体验以色列'做好，不断丰富它的内涵。"

查尔斯同意了。

"我觉得我赚了这么多钱，"我说，"但是并没有给世界带来什么改变，我们合作，一定能给世界带来改变。"

"我完全同意你的意见，"查尔斯说，"我们什么时候开始？"

我们提出的计划并不明确。从今以后，犹太人民要给每一个出生在地球上的犹太人一份同样的礼物：一次免费的以色列教育之旅。这个行程包括让海外的犹太青年和以色列犹太青年之间进行接触互动，希望这样能够拉近他们之间的心理距离，让以色列犹太人和散居犹太人之间的关系更加有意义。在耶路撒冷的那个晚上，查尔斯和我都认为，尽管以色列存在各种问题，但是它依然是团结全世界犹太人的纽带。我们同意每人出资500万美元，开始发展一个名为"以色列生存权"的组织。

我们认为，这是对规划世界犹太人大会的一个很好的响应。这个规划指出，在未来30年里，以色列以外的犹太人，将从目前的800万人下降到400万人。这种下降的主要原因是异族通婚，有一半的犹太人会和非犹太人结婚，他们的孩子大部分会脱离犹太信仰。此外，由于人口老龄化，阿根廷、南非和俄罗斯等地的犹太人会经历更快速的人口下降。在新方案的激励之下，我和查尔斯在当天晚上离开了晚会，我们希望"以色列生存权"项目能够成为两个生意人建立创业型慈善合伙组织的成功典范。

1998年夏天，我们制定了一项资助"以色列生存权"项目的计划。在耶路撒冷，以色列总理本杰明·内塔尼亚胡宣布，他可以每年为这个项目提供2000万美元。犹太联合募捐协会、犹太联合会理事会同意每年提供2000万美元。此外，查尔斯和我宣布，我们将每年另外再筹集2000万美元。届时，这个项目每年将有6000万美元进行运作。从2000年1月1日起，将会有15 000名大学年龄的犹太青年参观以色列。五年后，这个数字将翻一番。

《纽约时报》在1998年的秋天报道说："犹太人正在和异族通婚，并且大量放弃自己的信仰。为了在犹太青年中重塑宗教身份，一些犹太组织计划启动一项计划，为世界上15～26岁之间的犹太青年，提供在以色列的10日免费旅行。这个项目叫作'以色列生存权'，计划在未来五年投入三亿美元。资助这个项目的有以色列政府、来自北美的一群捐助人和犹太联合会理事会。"

我要指出，从一开始，"以色列生存权"就遭到批评。即使在今天，仍有一些犹太人质疑，10天的以色列之行到底能对犹太青年产生什么样的影响。世界犹太人大会董事会主席伊西·莱布勒在《耶路撒冷邮报》上发表批评称："向年轻人（包括许多富裕家庭的年轻人）提供巨额资金，让他们参加为期10天的游玩，而对他们没有任何要求，这是对以色列的贬低。无法想象10天的旅行就能够成为培养犹太人的起点。"

正统犹太群体中的某些人认为，我们与其每年拿出 6000 万美元投入到"以色列生存权"项目，不如把这些钱拿去建立全日制学校，因为全日制学校对加入其中的孩子能够产生更为持久的影响。或者，即使不建全日制学校，也可以资助夏令营，因为夏令营也可以更深刻地影响很多年轻人。

这些批评有一定道理，然而实际情况是，对于大多数美国或者散居国的非正统犹太人来说，全日制学校并不是他们的选择。这些犹太人不会把孩子送到全日制犹太学校，不是因为他们交不起学费，而是因为他们不愿意这样做。他们信任公立教育（包括世俗私立教育），更重要的是，他们本身就过着世俗生活。

我们发展"以色列生存权"是为了接触到那些犹太人，接触到那些散居在外的"沉默的大多数"。他们不会去犹太教堂，他们把自己看作文化意义上的犹太人，但不一定是宗教意义上的犹太人。查尔斯和我认为这是一个增强他们自身犹太属性的机会，我们为他们提供一个他们可以并且乐于接受的项目。

我们非常重视这个项目，在争取以色列政府和犹太联合会理事会的支持的同时，我们也自己着手，拿出种子资金资助了第一批行程。1999 年，查尔斯和我各拿出 900 万美元，有了这 1800 万美元，我们开始把项目落到实处。

我们在 1999 年暑期宣布了"以色列生存权"计划，申请截止到秋天。希乐尔基金会成了我们这个项目的坚定盟友。申请人数远远超出我们的预期，比如，我们分配给康奈尔大学 60 个名额，但是申请人超过了 400 人，我们不得不采用抽签的方式来决定入围人选。这种情况出现在全美国的高校里。

最终，我们的筛选程序选出了 6000 名来自世界各地的大学生，其中大约 4000 人来自美国，约 1000 人来自加拿大，我们还从其他 14 个国家（包括智利、乌拉圭、巴西、阿根廷、英国、法国、澳大利亚、格鲁吉亚、摩尔多瓦、乌兹别克斯坦和乌克兰）选出约 1000 个孩子。在 4000 名美国人中，有 3000 人是希勒尔基金会挑选的。

1999 年 12 月末，飞往耶路撒冷的航班出发了。朱迪和我于 2000 年 1 月 3 日乘坐一架印有"以色列生存权"字样的喷气式飞机一同前往耶路撒冷。我们和 388 个"以色列生存权"的孩子们一起旅行，他们来自美国的各个大学。这段旅程是迎接新千年的最好方式。

我们在那里待了整整 10 天。对许多孩子来说，这次旅行显然是一次紧张的经历。在和他们的交谈中，我只听到了一个抱怨：他们没有时间睡觉。行程的必修课至少包括大屠杀、以色列建国历史、犹太《圣经》和一次见面会，会上孩子们会和有着相似背景的以色列孩子一起共度一段时光。

除了这些活动之外，其他时间都由孩子们自行安排。他们大多都要去耶路撒冷的西墙，有人去参观集体农场，有人去考古，还有人去参观学校。他们和以色列政界人士及和平谈判代表会面，和俄罗斯裔异见人士纳坦·夏兰斯基交谈，夏兰斯基后来成了以色列政府的部长。他们还与来自俄罗斯和埃塞俄比亚的移民见了面。

当然，以色列在面积上大概相当于美国的新泽西州，并且有 2/3 都是沙漠。这些孩子用 10 天的时间去探索一个这么小的地方，因此有足够的时间去了解这个国家的很多方面，有些孩子坐着吉普车或者骑着自行车穿越了戈兰高地。他们当中的很多人从来没听说过戈兰高地，但是在亲眼看到戈兰高地的地貌和脆弱的农业定居点之后，他们一致反对在和平谈判当中放弃戈兰高地。通过参观，戈兰高地已经成了"他们的"土地了。在这次旅程之前，他们对这块土地还一无所知，但是现在，他们已经对这块土地有了归属感。

当我在大街上或者其他活动中遇到"以色列生存权"的学生时，我会拦住他们询问他们的感受。"嗨，你是参加'以色列生存权'的吗？"我会这样问。

他们会好奇地看着我回答："是的。"

当他们得知我是谁的时候，他们会真诚地表示感谢。他们的反应是真诚且衷心的。"我不敢相信这次活动会让我的生活发生这么大的变化。"我听到他们一个接一个地说，这超出了我的预期。他们是普通的大学生，他们被吸引了，被以色列的精神迷住了。

听到这些反馈，我感觉好极了。这是一种很有意义的方式，让他们对自己的犹太传统投入更多，对自己的犹太身份有更加正面的认识，以一种前所未有的方式感受犹太人的快乐和兴奋。他们的反馈让我意识到，在这10天里，我们激励了一批更加重视犹太传统的年轻人。他们还让我意识到，如果我们真的能够推广这样的旅程，将能够永远改变这个群体。

在旅程最后一个星期六的晚上，我们在耶路撒冷的主会议中心举办了一场晚会，有5000名"以色列生存权"的参与者参加。我向台下看去，看到的是一大群年轻人，那真是一个奇妙的时刻。查尔斯和我都被安排了发言，在拉比伊茨·格林伯格的帮助下，我模仿葛底斯堡演讲，写了一篇简短的演讲稿。演讲的内容是犹太人式的，但是演讲的风格是传统的林肯式的。

"四千年前，我们的祖先在这个星球上创造了一个新的民族，"我站在讲台上，面对安静的观众，开始了演讲，"这个民族相信，每个人都是按照上帝的意图创造的，都秉持让世界更美好的原则，直到每个人都按照这个意图实现无限的价值、平等和独特性。"

我顿了一下，看了看年轻的听众们。"为了专注推进我们的目标，"我继续说道，"我们犹太人一直扮演着导师的角色，分享我们的《圣经》和《塔木德》，生养了基督教，孕育了伊斯兰教和西方文化。在这个过程中，我们作为榜样，提供了我们的家庭观、社会观，始终承担着社会责任。在这个过程中，我们跨越了古代、中世纪和现代文明，在流放、驱逐、迫害和大屠杀中幸存下来，我们经受住了从法老、哈曼一直到希特勒的独裁统治。"

我稍作停顿，稳定了一下情绪。"在过去的几十年里，"我接着说，"我们从浩劫的灰烬中重新崛起，建立了我们的家园以色列。我们恢复了犹太人的生命价值和尊严。我们拥有了自由和认可，获得了权力和财富。这些历史性的成就，削弱了我们的独特性，侵蚀了我们作为一个民族的相互联结。"

我接着演讲，充满了感情："我们必须下定决心，不能让为犹太而生和为犹太而死的人们一文不名。我们必须保证，这个民族，在生者和死者的帮助下，在上帝和人性的帮助下，一定能够获得自由的新生。我们必须扮演证人、教师和建设者的角色，这样，犹太人的律法、犹太人的教育、犹太人的福祉，才能在这个世界上再次繁荣。"

结束演讲之后，我抬起头，看到无数年轻的面孔正注视着我，全场一片寂静，没有一丝声音，也没有一点动作。之后突然，孩子们开始鼓掌，起初是平静的掌声，之后是热烈的掌声，最后变成雷鸣般的掌声。当掌声达到顶点的时候，孩子们站了起来，所有人都开始起立鼓掌。我站在台上，难以控制自己的情绪，心潮起伏，哭了起来。这是一个特别的时刻，因为我知道，孩子们已经理解了他们在四千年历史中的位置。他们是所有过往犹太人的产物。

我还可以从他们的反应中看出，我的演讲深深地打动了他们，这让这次行程的一切工作都变得很有价值。这是我一生中的特殊时刻，我可以肯定地说，我改变了他们的生活。

后来，演讲结束后，很多年轻人前来向我表示感谢。一个年轻人忍不住哭了出来，他含泪对我说："我从来没有想过自己会有这样的经历，我从来没有想过我会拥有这一切，我感到自己和犹太前辈们有一种联系，这种联系我之前并没有体会到。太感谢您了，斯坦哈特先生，我从心底感谢您。"

当时我就意识到，我们最初关于"以色列生存权"的想法是正确的，我决心让这个项目继续下去。我会记住那个年轻人含泪的脸庞，永远记住。我相信这些泪水代表了我生命之中那两条河流的交汇：美国犹太文化的复兴。

推荐阅读

序号	中文书号	中文书名	定价
1	69645	敢于梦想：Tiger21创始人写给创业者的40堂必修课	79
2	69262	通向成功的交易心理学	79
3	68534	价值投资的五大关键	80
4	68207	比尔·米勒投资之道	80
5	67245	趋势跟踪（原书第5版）	159
6	67124	巴菲特的嘉年华：伯克希尔股东大会的故事	79
7	66880	巴菲特之道（原书第3版）（典藏版）	79
8	66784	短线交易秘诀（典藏版）	80
9	66522	21条颠扑不破的交易真理	59
10	66445	巴菲特的投资组合（典藏版）	59
11	66382	短线狙击手：高胜率短线交易秘诀	79
12	66200	格雷厄姆成长股投资策略	69
13	66178	行为投资原则	69
14	66022	炒掉你的股票分析师：证券分析从入门到实战（原书第2版）	79
15	65509	格雷厄姆精选集：演说、文章及纽约金融学院讲义实录	69
16	65413	与天为敌：一部人类风险探索史（典藏版）	89
17	65175	驾驭交易（原书第3版）	129
18	65140	大钱细思：优秀投资者如何思考和决断	89
19	64140	投资策略实战分析（原书第4版·典藏版）	159
20	64043	巴菲特的第一桶金	79
21	63530	股市奇才：华尔街50年市场智慧	69
22	63388	交易心理分析2.0：从交易训练到流程设计	99
23	63200	金融交易圣经II:交易心智修炼	49
24	63137	经典技术分析（原书第3版）（下）	89
25	63136	经典技术分析（原书第3版）（上）	89
26	62844	大熊市启示录：百年金融史中的超级恐慌与机会（原书第4版）	80
27	62684	市场永远是对的：顺势投资的十大准则	69
28	62120	行为金融与投资心理学（原书第6版）	59
29	61637	蜡烛图方法：从入门到精通（原书第2版）	60
30	61156	期货狙击手：交易赢家的21周操盘手记	80
31	61155	投资交易心理分析（典藏版）	69
32	61152	有效资产管理	59
33	61148	客户的游艇在哪里：华尔街奇谈（典藏版）	39
34	61075	跨市场交易策略（典藏版）	69
35	61044	对冲基金怪杰（典藏版）	80
36	61008	专业投机原理（典藏版）	99
37	60980	价值投资的秘密：小投资者战胜基金经理的长线方法	49
38	60649	投资思想史（典藏版）	99
39	60644	金融交易圣经：发现你的赚钱天才	69
40	60546	证券混沌操作法：股票、期货及外汇交易的低风险获利指南（典藏版）	59
41	60457	外汇交易的10堂必修课（典藏版）	49
42	60415	击败庄家：21点的有利策略	59
43	60383	超级强势股：如何投资小盘价值成长股（典藏版）	59
44	60332	金融怪杰：华尔街的顶级交易员（典藏版）	80
45	60298	彼得·林奇教你理财（典藏版）	59
46	60234	日本蜡烛图技术新解	60
47	60233	股市长线法宝（典藏版）	80
48	60232	股票投资的24堂必修课（典藏版）	45
49	60213	蜡烛图精解:股票和期货交易的永恒技术（典藏版）	88
50	60070	在股市大崩溃前抛出的人：巴鲁克自传（典藏版）	69
51	60024	约翰·聂夫的成功投资（典藏版）	69
52	59948	投资者的未来（典藏版）	80
53	59832	沃伦·巴菲特如是说	59
54	59766	笑傲股市（原书第4版·典藏版）	99

推荐阅读

序号	中文书号	中文书名	定价
55	59686	金钱传奇：科斯托拉尼的投资哲学	59
56	59592	证券投资课	59
57	59210	巴菲特致股东的信：投资者和公司高管教程（原书第4版）	99
58	59073	彼得·林奇的成功投资（典藏版）	80
59	59022	战胜华尔街（典藏版）	80
60	58971	市场真相：看不见的手与脱缰的马	69
61	58822	积极型资产配置指南：经济周期分析与六阶段投资时钟	69
62	58428	麦克米伦谈期权（原书第2版）	120
63	58427	漫步华尔街（原书第11版）	56
64	58249	股市趋势技术分析（原书第10版）	168
65	57882	赌神数学家：战胜拉斯维加斯和金融市场的财富公式	59
66	57801	华尔街之舞：图解金融市场的周期与趋势	69
67	57535	哈利·布朗的永久投资组合：无惧市场波动的不败投资法	69
68	57133	憨夺型投资者	39
69	57116	高胜算操盘：成功交易员完全教程	69
70	56972	以交易为生（原书第2版）	36
71	56618	证券投资心理学	49
72	55876	技术分析与股市盈利预测：技术分析科学之父沙巴克经典教程	80
73	55569	机械式交易系统：原理、构建与实战	80
74	54670	交易择时技术分析：RSI、波浪理论、斐波纳契预测及复合指标的综合运用（原书第2版）	59
75	54668	交易圣经	89
76	54560	证券投机的艺术	59
77	54332	择时与选股	45
78	52601	技术分析（原书第5版）	100
79	52433	缺口分析：让缺口变为股票的盈利	59
80	49893	现代证券分析	80
81	49646	查理·芒格的智慧：投资的格栅理论（原书第2版）	49
82	49259	实证技术分析	75
83	48856	期权投资策略（原书第5版）	169
84	48513	简易期权（原书第3版）	59
85	47906	赢得输家的游戏：精英投资者如何击败市场（原书第6版）	45
86	44995	走进我的交易室	55
87	44711	黄金屋：宏观对冲基金顶尖交易者的掘金之道（增订版）	59
88	44062	马丁·惠特曼的价值投资方法：回归基本面	49
89	44059	期权入门与精通：投机获利与风险管理（原书第2版）	49
90	43956	以交易为生II：卖出的艺术	55
91	42750	投资在第二个失去的十年	49
92	41474	逆向投资策略	59
93	33175	艾略特名著集（珍藏版）	32
94	32872	向格雷厄姆学思考，向巴菲特学投资	38
95	32473	向最伟大的股票作手学习	36
96	31377	解读华尔街（原书第5版）	48
97	31016	艾略特波浪理论:市场行为的关键（珍藏版）	38
98	30978	恐慌与机会：如何把握股市动荡中的风险和机遇	36
99	30633	超级金钱（珍藏版）	36
100	30630	华尔街50年（珍藏版）	38
101	30629	股市心理博弈（珍藏版）	58
102	30628	通向财务自由之路（珍藏版）	69
103	30604	投资新革命（珍藏版）	36
104	30250	江恩华尔街45年（修订版）	36
105	30248	如何从商品期货贸易中获利（修订版）	58
106	30244	股市晴雨表（珍藏版）	38
107	30243	投机与骗局（修订版）	36